最良の逝《い》き方

特別養護老人ホームで
見た生死の決断

小村一左美
Hisami Komura

潮出版社

最良の逝《い》き方

――特別養護老人ホームで見た生死の決断

はじめに

私が特別養護老人ホーム（以下、特養）で高齢者の「生」と「死」に関わりだしたのが、平成十二年に介護保険制度が導入された翌年（平成十三年）である。それから一八年間懲《こ》りもせずに高齢者と向き合っている。かくいう私も昨年「介護保険被保険者証」とやらが届き、何やら複雑な思いにかられた。さて、この二〇年間に社会全体において医療に関する価値観や倫理観それに死生観が大きく変化した。その要因は大きく以下の三つに分類される。

一つ目に、病院や施設よりも在宅重視の方向に変化し、近年ますますその傾向にある。これは、漸増《ぜんぞう》する高齢者に対する行政の政策に負うところも一つの要因になっていると思われる。

二つ目に、医学というか治療や薬剤の進歩である。その最たるものがｉＰＳ細胞の発見であろう。薬剤においても高額なものがどんどん創られ、難病やがんまで制圧する勢いである。

三つ目に、「延命」についての考え方が挙がる。一分一秒でもこの世に生を繋《つな》ぎとめておくべきだという価値観から、対象者の尊厳《そんげん》や自己決定を重視するという概念が大きく叫ばれるようになった。

このような激動の中、高齢者が増え続け、定年制度が崩れ、「定年」という言葉が死語になろうとさえする風潮がある。確かに平均寿命が延《の》び、元気な高齢者が増加している。私自身つい口から出る「八十二歳ですか……お若いですね」などという言葉にハッとすることもある。

一方、六十五歳という若さで特養に入居する対象者も微増しているように思う。「パーキンソン病」に始まり「大脳皮質《だいのうひしつ》基底核変性症《きていかくへんせいしょう》」「進行性核上性麻痺《まひ》」というあまり聞き慣れないと思われる疾患《しっかん》に罹患《りかん》し、日常生活がままならなくなった人たちである。

さて、誰もが「家族に迷惑を掛けずにコロッと死にたい」と口にし、それを願っていることは紛れもない事実である。では、そのためにどうすれば良いのかが、現代の日本人にとって最大の関心事であり課題とも言える。高齢になって死を迎える場合だけでなく、若くしてそれを受け止めなければならない非情な現実もある。ある程度の年齢に達していれば、「これも寿命」と一種の諦観《ていかん》に似た感情も芽生えるであろうが、若くして死を迎える場合は、壮絶な葛藤《かっとう》が予想される。

いずれにしても、「胃ろう」をどうするか、「人工呼吸器」をどうするか、あるいは「透析《とうせき》」や「輸血」等の積極的治療（延命）受諾の有無、また「手術」や「化学療法」それに「放射線治療」等を採択するかどうか、そしてまたどこで最期を迎えるかという「場所」の選択等が問われることになる。そして、苦悩の末に対象者本人や家族が、それらに対しての意向を示すことになる。そして、それが意向通りに遂行されれば、結果がどうであれ、それほど悔いを残すことはないだろう。

ところで、病院・施設等のシステムおよび医療職者の人間性や価値観により、意向が反映されなかったり、ひいては「生」や「死」までもが大いに左右されたりすることもあるということを皆様はご存じだろうか。本著では、その辺のところに重点を置いて数多くの事例を取り上げている。

理想は、対象者本人の意向が尊重されることである、否、そうであらねばならない。しかし、対象者本人に判断能力が欠如している場合や、それを表明できない状況下においては、近親者に委《ゆだ》ねられる場合が少なくない。対象者やその近親者が、少しでも後悔を残さないようにとの思いで取り上げた事例が第一章である。

さて、対象者本人あるいは近親者が医療に関する意向を表明しなければならない場合、何をよりどころにすればよいのか、何を基準に判断すればよいのか。そこで迷いや葛藤が生じることが少なくない。その際、医療者側からどれだけ詳しい情報を与えられるかで、選択肢が広がり、当初の意向が翻《ひるがえ》ることすらある。これを述べた事例が第二章である。

そしてその説明を聞いて、対象者本人や近親者が意向を表明するプロセスを踏むことになるが、近親者が「いつまでも生きていてほしい」という自己の願望のみを優先させた場合、対象者本人の意向に反することにもなりかねない。「生」や「死」に関しては、あくまでも対象者本人の最善・最良を優先させねばならないが、なかなか割り切れないのが身内であろう。その際の参考にしてほしいという思いで取り上げた事例が第三章である。

第四章では、ほとんどの人が知らないであろう事実、つまり対象者本人や家族が全く知らないところの病院のからくりを述べた。しかし、これはあくまでも私が関わった病院のことであり、全ての病院がそうだと言っているのではない。こういう病院内部の実情もあるということを知っておいても損にはならないと思う。

第五章では、「連携」「共同」を取り上げた。これらの必要性は、会社においても同じことが言えるが、掛け声だけではどうにもならない。特養と病院の連携あるいは特養内部の連携等の歪《ゆが》みは必ずや対象者や親族に不利益をもたらすものである。この章では、それらを取り上げた。

第六章では、利用者の人生が近親者とりわけ子どもに与えた影響を、そして特養に入所してからの人生を環境との関係性から見てゆく。

最後になったが、私がなぜ本著をしたためることを試みたのか。その理由は三つある。

一つ目は、市井《しせい》の人たちに自分のあるいは親族の逝き方を、今一度真剣に問い直してみてほしいということ。

二つ目は、医療や福祉に携わる人たちに、高齢者の生きてきた過程という流れの中で、その人を見つめてほしいということ。

三つ目は、福祉施設に勤める看護師や介護員が、利用者や家族の代弁者になってもらいたいことである。それには、私が入職して間もない頃の以下のような体験が大きく影響している。

介護保険制度が導入される前の措置制度（市町村などの行政機関の判断で福祉援助を必要とす

る高齢者に対してサービスを提供する制度）時代の頃、七十二歳の咲子さんは夫である嘉一さんの介護をするという名目で夫婦で特養に入所されていた。私が入職して一カ月経った頃、重度の認知症もあった嘉一さんは、咲子さんに見守られながら亡くなった。本来なら、咲子さんは特養から退去せねばならないが、息子は知的障がいのためにヘルパーに支えられながらなんとか生活を送り、娘は夫を亡くしてから頑張って働いていたが、近々再婚するという状況だったので、咲子さんはしばらく施設で預かることになった。

ところが、なんと嘉一さんが亡くなった数カ月後、咲子さんは血痰《けったん》を出した。レントゲン検査の結果、右肺にウズラ卵大の腫瘍《しゅよう》が見つかったのだ。咲子さんの意向は、「全て娘に委ねる」ということであった。

娘は夫を「脳腫瘍」で亡くしており、「母には治療のために苦しんでほしくない。この施設が母にとって家同然だから、入院は絶対に避けてほしい」という意向を出された。咲子さんへの説明は、長年タバコを吸ってきたことによるものだということで統一しようということになった。嘱託医《しょくたくい》は入院を勧めたが、咲子さん本人と娘の意向を伝え、施設で見守ることの同意を得ると同時に、疼痛《とうつう》に際しての麻薬の処方への協力も取り付けた。

その後三カ月間は、娘と連れ立って今まで通り週に一度の外出を楽しむことが出来た。そして、この頃の腫瘍の大きさはスーパーボール大に成長していた。その後、徐々に体力が落ち、息切れも出始めたために、娘との外出を断念せざるをえなくなった。腫瘍発見の六カ月後には、その大きさは鶏卵大《けいらん》にまでなっていた。咲子さんは急速に弱っていき、点滴を勧めても拒否し、眠っている時間が長くなっていった。

ある日、仕事で退社する時間が遅くなった私が咲子さんの所に挨拶に行くと、自分の体を持て余しているであろうに、咲子さんはごく小さな声で、「外は暗かろうから気を付けてお帰りよ」と、私を気遣ってくれるのだった。その日から二日後、咲子さんは嘉一さんの許《もと》に旅立たれた。私たちが危惧《きぐ》していた痛みもなく、何より自分の病気のことを一切尋《たず》ねることはなかった。咲子さんの唯一の気がかりである息子に関しては、自分が責任を持つからと娘が咲子さんと約束し、咲子さんを安心させた。

咲子さんが亡くなった後、娘から「自分たちの意思を尊重してくれ、母にとっては自宅でもある施設で看取っていただき、感謝します」という言葉をいただいた。

本著では個人情報保護に則り、登場人物は仮名であり事実と異ならない程度に多少手を加えていることをお断りしておく。また、名誉のために言っておくが、私が現在身を置いている特養とはなんら関係がない。本文中に使用している写真は全てご本人および施設の使用許可をいただいたものである。また、本文と写真中の人物（筆者以外）は一切関係ない。

目次

装幀：黒瀬章夫（Nakaguro Graph）

第一章 家族の背景

私たちは、問題が起こったり何か困難に直面した際には、その現象だけに捕《とら》われることが少なくない。言い換えれば、見たり聞いたりして実感したことだけで、その是非を問うたり賞罰を与えたりしがちだということである。しかし、これだけでは表面上は解決したかに見えても、根源的なところでは何も変わっていないことに気付くべきだ。たとえば、もう三〇年ほど前のことになるが、私が看護専門学校の教員をしていた頃の出来事である。

ある学生が、病院実習を終えて自宅に帰り着いたとき、実習ファイルの紛失に気付いた。ファイルを入れた鞄《かばん》は、病院を出てから自宅に着くまで開けていないので、病院内部での紛失だということの考えにまで行き着いたが、はたしてファイルを鞄に仕舞ったか否かの記憶が曖昧《あいまい》で、場所の特定にまで思い至らなかった。ファイルには受け持ち患者の情報がびっしり詰まっており、現在のように個人情報に関して厳密な時代ではなかったとはいえ、やはり情報の漏《も》れは大惨事を招くことになる。学生は、担当教員に連絡を取り、病棟関係者にも事情を説明し捜索したところ、ファイルはすぐに見つかった。学生が実習終了の挨拶のために患者の部屋を訪室した際に、置き忘れたのだった。学生は、このシーンを全く記憶にとどめていなかった。

さて、学校側の対処として、学生から事情を聴取し今後の対策を立てることになった。学生に、患者のところになぜ置き忘れたのかを考えるように、またその前後の行動を思い出すよう迫った。しかし、学生はその記憶が呼び戻せず曖昧な返答しか出来なかった。結論として、学生は反省文の提出を求められ、今後二度と同じ過ちを犯さないという誓約をするに至ってこの件は落着した。今後この学生は同じ過《あやま》ちを犯さないだろう。

ところで、他の学生はこのような過ちを犯さないだろうか、また今後二度とこのような事件が起きないだろうか。その保証はどこにもない。なぜなら、学校側の関心は学生がファイルを置き忘れたという現象のみに終始し、その背景に全く目を向けておらず、学生の失敗の根源にまで及んでいないからだ。

ここで学生の背景を見てみよう。この学校は准看護師を看護師に養成する所であり、この学生は、家庭も子どももあった。家に帰れば、食事の用意など家事をこなし、勉強（実習記録の記入）は、それを終えてからとなる。当然、就寝時刻は遅くなり睡眠時間が削られてゆく。事件のあった日は看護計画の発表日であり、ここ二～三日はほとんど徹夜が続いていたらしい。

人は、睡眠不足が蓄積したりまして徹夜が続けば、記憶力の低下や判断力の低下、それに注意力の低下が惹起《じゃっき》される。したがって、学生のファイルの紛失時の記憶の欠落も起きて当然だと言えよう。この事件での考察点は、徹夜まで強《し》いられる実習のあり方にある。以上のように、現象だけで判断・決論付けてしまうことは、非常に危険性を孕《はら》んでいることがおわかりいただけたと思う。

つい先日の出来事である。特養に入所して一年半経過する「パーキンソン病」を抱える冬子さんのことだ。当初は閉眼していることはあっても、呼べばしっかり目を開けてくれるし、臥床時間もそれほど長くはなかった。ところが、ここ数カ月間は声を掛けても開眼できず、何より冬子さんにとってとても大事な薬を飲めなくなったのだ。冬子さんの場合、「パーキンソン病」でもコントロールが難しく、薬剤の服用時間は毎食後と起床時、それに十時と十五時と細かく指示されていた。それにもかかわらず、特にここ数日間は起床時と十五時の内服が不可能となっていたのだ。

「パーキンソン病」の場合、薬の効果が切れるとオフ現象といって活動力が落ち無気力になってしまうことが少なくない。したがって、このような状態でいくら内服を試みても徒労に終わることがある。そんな冬子さんに、看護師たちが何としてでも内服を試みなければと考えたのも無理からぬことである。このままの状態が続けば、食事もろくに摂れなくなるからである。

ところで、「パーキンソン病」は、必ず進行する病であり、それに合わせて薬も増量してゆかねばならなくなる。冬子さんにおいても然り。入所当時は、現在の服用量と時間でうまくコントロール出来ていたのだが、一年半も経つと効果が薄れてきたとしても当然だ。すなわち、冬子さんにとって今最も必要としているのは、現在の薬を指定された時間に頑張って無理に飲ませようと努力することよりも、薬の増量と服用時間の調整により、現在の局面を乗り越えられるはずである。

この場合も、指定通りの時間に薬の服用が出来るか出来ないかだけに目が向き、「パーキンソン病」の特徴や冬子さんの状態、それに薬剤効果といった多面的かつ俯瞰《ふかん》的な捉え方が欠落していると言えるだろう。

利用者だけではなく、家族に対しても一面的な見方、たとえば「不平・不満をあげつらうややこしい家族だ」「利用者そっちのけで自分達のことばかり考えている家族だ」「あと幾《いく》ばくもない命なのに、なぜもっと会いに来てやらないのか」などの現象のみをあげつらうのではなく、その家族の背景や利用者との関係性等を統合する努力をすれば、きっと新しい展開となるだろう。

利用者はあくまでも家族の中の一人

出勤した途端に同僚から、

「モトエさんですが、三日前から急に反応が鈍くなり食事にも介助を要するようになりました。バイタル（患者の状態を把握するための体温、脈拍、呼吸、意識、血圧）には異常がなく、また麻痺もなかったので様子を見ていたのですが、症状が徐々に進行してきたし目の焦点も合わなくなったので、一昨日脳外科を受診しました。そこで、脳のＣＴ撮影をしたのですが、脳萎縮《いしゅく》以外には何も異常はなく、医師は『認知症』だろうという診断を下《くだ》し、認知症の専門病院である○○へ紹介状を書いてくれました。でも、反応がだんだん鈍くなっているのです」という報告を受け、すぐにモトエさんのところへ急いだ。

なるほど、看護師の言う通りだった。全く反応がなく目はうつろで体の動きもほとんど見られなかった。

「これは絶対に『認知症』からのものではないわ。一夜にしてこのような状態になるなんて考えられない」と、医師の診断を訝《いぶか》った。

「ご家族と相談したいのですが、明日まで不在と聞いています。明後日には来ていただき相談します」と、看護師が返した。

その日から三日後、看護師から届いたメールの内容は以下の通りだ。

――モトエさんのご家族は、あまりの変化に驚き、すぐに医療機関の受診を希望され、昨年モトエさんが入院したという公立病院を受診しました。そこで、「高アンモニア血症」（ほとんどが重い肝臓病の病態《びょうたい》）であることが判明しました。しかし、モトエさんの肝臓には異常がなく原因はつかめませんでした。いずれにしても、すぐに治療を開始する必要があり、またたとえ治療をしても生命の保証はしかねるという重度のものでした。そのようなわけで、モトエさんは緊急入院となった次第です。

それから一〇日後モトエさんの退院許可が下りたため、面会に出向いた看護師は、発症前の姿に戻ったモトエさんを目にしたという。

　八十二歳になるモトエさんのこれから先の対応をしっかり話し合う必要があると判断した私は、退院日の前日に家族と面談を行った。面談には、長男夫人が来てくれた。

「モトエさんには『慢性《まんせい》心不全』それに『貧血』での入院の既往があります。そして今回の『高アンモニア血症』が加わりました。それにこのたびの入院では生命まで危ぶまれたと聞いています」と、私がそこまで話したとき夫人は、

「そうなんです。これで二度も命拾いをしたことになります。昨年、『巨赤芽《きょせきが》球性貧血《きゅうせいひんけつ》』とかいう病気で命に危険がありました。奇跡的に輸血で命を取り留めたものの、医師からは一年持たない（命）だろうと言われていました。ところが、何事もなくそれから一年経ち、今に至るまで元気に暮らせていました。そして、またもや今回も助かるかどうかわからないという説明を受けていましたが、復活したというわけです」と、詳しい説明をしてくれた。

「そうですか……。ところで、モトエさんは大変な病気を抱え、今後それらがいつ再発するかわからないというリスクを抱えての生活になります。ですから、モトエさんのこれから先の対応についてぜひ話し合いを持ちたいと思いお越しいただいたというわけです。これら以外にも、年を重ねるにつれいろんな病気に罹《かか》るリスクが高まります。その際、たとえ軽微《けいび》な状態であっても大事を取って入院加療を受けるか、あるいは施設内で出来る範囲の対応に委ねるかどうかです。すでに経験されていることですが、入院すればどこかしらの機能の低下を免れません。

かといって施設での対応では、病院と同等というわけにもいきません……」

「そのことはよくわかっています。今回、もし入院しなかったとすればどうなっていたのでしょうか?」と、夫人は話の矛先を変えた質問をしてきた。

「はい、アンモニアは人間の体には不必要なものです。これが多量に溜まると脳が影響を受けます。入院前のモトエさんはほとんど反応がありませんでした。この状態を放っておくと『死』に至ります。ですが、脳が麻痺状態になりますのであまり苦しくないようです」と、説明した。

「そうですか……。今後は入院させずに施設のみの対応で結構です。夫より義母に早く逝ってもらわないと困るのです。今後、今回のような症状が出たとしても治療しないでください。全ての病気においても同じです。ただ、痛みや苦しさだけは出来るだけ取り除いてあげてほしいです」と明言した。

「ところで……、ご主人はご病気か何か……」と尋ねた。

「『悪性リンパ腫』です。定期健診で胃が少し変だということで、『ピロリ菌』を殺す薬を長期間服用しました。それでも一向に好転せず、かかりつけ医から公立病院を紹介していただき、そこで判明したというわけです。夫は、手術も抗がん剤治療も拒否し、放射線療法だけ受けるという選択をしました。それもあと一回で終了です。再発覚悟の上の本人の選択です。だから、夫の存命中に義母を逝かせてあげたいのです」と話す夫人には全く悲壮感がなかった。それどころか、始終笑みを絶やさない人であった。

「まあ、それじゃあなたとても大変でしたね……。義母様が入院中は特に」

そう労《ねぎら》うと、

「その通りです。それだけじゃないのよ。近所に住む夫の姉は五十八歳ですが、『若年性アルツハイマー病』で、時々手伝いに行かなくちゃならないの。だから、私がしっかりしないといけないわけ」と、淡々と言ってのけた。

「そんな苦労をしているとはとても思えない……明るくて」と、私は思ったことを口にした。

「私が暗い顔をしていると、余計に周りが沈み込むと思うのよね。だから夫とも『死』とか『がん』とかを隠さずに話し合ってるのよ。義母は、今は認知症であのようになってしまいましたが、本当に立派な人で、自分の考えをしっかり持っている人でしたよ。あっ、夫と私とは再婚同士なの。私は二人の子連れでの結婚。その時義母は、『あなたたち二人の子どもを産んではいけない』と言ったの。もし子どもが出来れば、夫はきっとその子にばかり目が向くだろうからと。また家

利用者家族と面談する著者（右）

を建てる時も、一五〇〇万円を私たちが頼んだわけでもないのに、ポンと提供してくれたのよ。お断りしたのですが、邪魔になるものではないからと言って受け取らなかったの。そんな立派な義母なんです。義母は常々、無意味な治療や延命はしてほしくないと言っていました。だから、やはり義母も施設内での対応を望んでいると思います。あっ、そうそう。義父も『悪性リンパ腫』で亡くなったんですよ。その姿を見ているから、夫は治療を積極的に受ける気にならないのかもしれません」

「そうですか。義母様は私たちが責任もってお世話させていただきますから、あなたはご主人をしっかり支えてあげてください」

そう言って、面談は終了した。

特養の入居者は、一部を除いて概《おおむ》ね平均寿命を上回る人たちだ。そのことはつまり、子どもたちもそれ相応の年齢になっている。事実、それほど多くはないが子どもがすでに亡くなっており、利用者の身元引受人が孫であるということもある。親が最も悲しむことは、自分より先に子どもに逝かれることだとよく見聞きする。モトエさんの場合、息子ががんに侵されあと何年生きられるかわからない身の上となると、やはり息子が自分の手で親を送りたいと願うことは理にかなっている。

数多く面談を重ねてきたご家族には、モトエさんの息子のように大きな病気を抱えている人達も少なくない。そしてその人たちは、やはり口を揃えて、「親を見送るまではなんとしても生きていたい」と言う。このことを私たちはしっかり認識しておかなければならない。なぜなら、あまりにも利用者本位で行動を起こした場合、家族全員を不幸にすることになるかもしれないからだ。

つまり、利用者の急変や体調不良にだけとらわれてしまうと「救命」「救急搬送」「延命治療」へ誘導することにもなりかねないというわけである。断っておくが、私は利用者の命を蔑《ないがし》ろにしろとは決して言っていない。そうならないために、利用者およびそのご家族との話し合い・議論を重ねなくては過ちを犯すことになりかねないと言いたいのだ。

ところで、夫人によればモトエさん自身は延命治療を望んでいないという意思を表明され、それを尊重してあげたいと言いながらも、現在に至るまで何度も入院治療を選択している。それどころか今回、モトエさんの状態を見たご家族はすぐに病院受診を希望した。そんなご家族が、今回の面談において、「今後は、いかなる場合も治療をせずに施設内の対応のみにしてほしい」という意向を示された。このことをどう理解すればよいのだろう。息子が「がん」だからであろうか。確かにそれもあろう。

面談中、夫人が「医師は治療のことは話してくれますが、今後の義母の生活がどう変化するかということまでは説明してくれませんから……」「家庭のことは、誰にでもやすやすと聞いてもらえるわけではありませんから……」と漏らされたことから推して、時間を掛けてゆっくり現在おかれているご家庭の状況に思いを馳《は》せ、さらに年齢を重ねるとともに変化する生活様式などの情報をこちらから提供してあげたことにより、複雑な家庭状況が整理できたのだと思う。つまり、義母を含めた家族の中での夫や義母の位置付けという視点で、選択できるようになったのだと思う。このことはつまり、利用者を個別な存在として捉えるのではなく、家族の中の一人としての見方や捉え方をしたからこそ導かれた判断だと言えるのではなかろうか。

障がい者を両親に持って

入所してたった一週間しか経っていない夜間、フミヨさんに喘息《ぜんそく》様の症状が現れた。介護員の目から見てそれほどひどくはなかったそうだが、本人が受診を希望したため病院に連れていくことになった。ところが、病院に着く頃には治まっていたという。一応診察を受け、発作時に吸入する薬剤の処方を受け施設に戻った。さて、私が摑《つか》んでいるフミヨさんの既往《きおう》歴に「双《そう》極《きょく》性障害」「アルツハイマー型認知症」「癒《ゆ》着《ちゃく》性イレウス」があった。今後のフミヨさんの施設生活を考える際、これらについてもう少し詳しく聞いておく必要性があると考え、身元引受人である娘との面談に臨んだ。娘はとても明るく笑顔を絶やさない感じの良い人であった。以下は娘が語ってくれた内容である。

母（フミヨ）は「先天性股関節脱臼《こかんせつだっきゅう》」のために、世間からずいぶん差別を受けて育ったようです。母の時代は、障がい者を虐《いじ》めたり侮蔑《ぶべつ》的な扱いを平気でやっていたようです。そのような障がいを抱える母が、全盲の父と結婚しました。子どもは私一人です。

平成元年、母は四十歳そこそこだったと思いますが、「うつ状態」が続き、また家出を繰り返すようになりました。ちょうど私が高校生の頃です。当初はこれを更年期《こうねんき》障害だと思っていましたが、それから三年後「双極性障害」という診断に至りました。そこに至るまでたくさんの病院を受診しましたが、それぞれから違う見解を聞かされました。母が、自殺未遂を繰り返したのもこの頃です。

やっと薬で症状が落ち着き平穏な生活に戻った矢先、母が通院していた病院が閉鎖し、信頼していた医師とも縁が切れてしまいました。以後、紹介された病院へは行ったり行かなかったりで、母の状態も良くなったり悪くなったりを繰り返しながら数年経ちました。そうしているうちに、障がいのある者同士の夫婦生活が成り立たなくなってきたのです。理由は、母に認知症の症状が出始めたためです。そこで母はデイサービスの利用を始め、家では父が主に母の世話をしていました。食事を作ったり母のオシメを換えたりなどです。

平成二十五年に二人での生活に限界が来て、某施設のロングショート（ショートステイのロングバージョン）の利用を始めました。ところが、そこで褥瘡《じょくそう》（床ずれ）が五カ所も出来た上に脱水を起こし入院を余儀なくされたのです。その病院に一年余り入院し、このたびこの施設へ入所が決まったわけです。

ところで、職員さんに知っておいていただきたいことがあります。一つ目は、母は季節の変わり目にとても弱いということです。体調を崩したり、感情失禁でしくしく泣いたり、あるいは食事を摂らなくなることもあります。二つ目は、突発的に熱を出すこともあるということです。これは抗生剤の服用で落ち着きます。三つ目は、尿路感染症を起こしやすいということです。

認知症に関しては、平成二十四年に一気に進行しました。自分で全く食べようとしないので、口に入れてあげると食べるのですが、その頃はそれが認知症によるものだとわかりませんでしたので、とても悲しくなったものです。

母をこの施設で預かっていただきありがたいのですが、父は要介護度1で、全盲に加えて難聴も現れ、さらに最近「レビー小体型認知症」という診断が下りました。私には子どもがいませんので、パート勤務の傍ら父の世話に行っています。母と父の二人の介護をしていた時のことを思えば、楽にはなりましたが……。

ここまで聞いて、私は口を挟んだ。

「ずいぶん長く苦労されたのですね。そこで少し教えていただきたいのだけれど……、なぜ、自分がこれほどまで苦労しないといけないんだというような気持ちになったことはありませんでしたか？」

「はい、なかったといえば嘘になります。それより兄弟姉妹がいればという思いのほうが強かったですね。そうすれば、何でも相談できますから。私、こう思うようにしていたのです。『人は、その人にしか出来ない試練を与えられているんだ』と。でも、最近は『私自らが、父母を選んで生まれてきたのだ』と思うようになったのです。ですから、それほど辛いと思ったことはないのです」と、終始にこやかに話されるのだった。

「そう。それで、あなたご自分でそのように考えるようになったの？　それとも誰からか教えていただいたとか……」

「はい、たくさんの本を読みました。ですから、本から吸収したと言ってもいいかもしれません」という答えが返ってきた。

面談を始めてから優に一時間以上経過していた。そこで「急変時における意向確認」へと話を切り替えた。娘からは、施設で対応可能な疾病や方法についてのいろいろな質問があり、最後に「母は四十歳頃から病気と相当闘ってきたと思います。だから、これからはそっと見守りたいのです。看護師の判断にお任せしたいと思いますが、治癒可能な病気であれば治療してやってほしいと思います。ただ、母の性格や精神面を考えると、環境を変えることは望ましくないと思うのです」との意向を表明された。

「知人は、私の夫にも手伝ってもらうように助言してくれますが、夫は私の両親に対して一切関わらないと言い切ります。ですが、私が私の両親の介護をすることに対して文句は言いません。私は、夫の両親のお世話もする覚悟であることを伝えていますが、それでも私の両親に対しては、協力はしないと言っています」と、私の考えを求めるふうであった。

「とても良いご主人だと思いますよ。自分に正直な人ですよ。あなたの両親の介護をするあなたを罵《ののし》るわけでもなく、見守ってくれているのだから。やはりご主人には感謝すべきだと私は思いますよ」と、私は返した。

「ありがとうございます。本当にありがとうございます。夫のことをそういうふうに言ってくださり、私も救われました。今日、お話できてとても良かったです」という言葉を残された。

私は、娘の話を聞きながら四〇年ほど前の出来事を思い出していた。大学病院で深夜業務に就いていた午前二時頃、廊下の待合室に人影を見た私は確認に行った。そこには午前〇時過ぎに、自殺未遂を起こしたと家人に付き添われ救急搬送された高校生のミチコさんがいた。この時の私の年齢は確か二十二歳だったと思う。同じ年頃なので親しみを感じてくれたのかミチコさんは、自殺未遂を起こした理由を語ってくれた。精神疾患《しっかん》を抱えるミチコさんは、某病院に通院し、とても気の合う女医が担当医であった。ところが、その女医が結婚退職をすることになり、そのことを聞いたミチコさんは打ちのめされ自殺未遂を起こしたというのだ。

日々の業務に終われ、その日のことをすっかり忘れてしまっていたある日、ミチコさんの母親が私を訪ねてきた。私に、ミチコさんの家庭教師になってほしいという依頼をするためであった。私は、大学に行くための勉強をしているということをミチコさんから聞いていた。ミチコさんとの会話の中で、私は理数系が得意であることを話した記憶がある。しかし、私には仕事があり、また勉強を教えるという力量があるとは思えなかったのでお断りしたのだが、娘の話し相手になるだけでもいいので協力してほしいという。さんざん議論を重ねた末、私の休みの日と深夜明けに送迎をしていただくという条件付で、不《ふ》承《しょう》不《ぶ》承《しょう》お引き受けすることになったのだった。

その後の詳細は割愛するが、精神疾患を抱える人にとって、信頼する人との別離がどれほど大きなダメージを与えるかおわかりいただけると思う。フミヨさんの場合も、病院の閉鎖で心ならずも信頼する担当医との別れがあり、それが大きく心に影を落とし、自殺未遂を繰り返したのだった。

健康な私たちにしてみれば、たとえ信頼する人との別れがあったとしても、自分の気持ちを立て直すのにそれほど苦労することはないが、精神に病を抱える人にとっては、計り知れないほどの痛手を負うことになるのだということを推し量《はか》れる。

二人共に障がいのある両親を持つ娘の苦労は想像するに余りある。しかし、フミヨさんの娘はそれを甘受し、明るく悲壮感など微塵《みじん》も感じさせない人であった。

私が看護学校の教員であった頃、聾唖者《ろうあ》を両親に持つ学生がいた。その学生も明るくとても優しい子であった。しかし、彼女は文章を書くのが苦手であったし、試験ではいつも最下位の点数しか採れなかった。その理由は、問われている意味を理解できなかったからのようである。言い換えれば、文脈を読み取れないとでも言ったほうがいいかもしれない。したがって、文章も作れないのだ。

無言の世界の中で成長してきたこの学生は、言葉に触れる機会が一般の家庭の子より極端に少なかったはずだ。そのような生活過程が学生の人格を創ったものだと推察できる。

いずれにしろ、この二人に共通することは、明るく辛さや苦しさを微塵も感じさせないことである。私が言うのもおこがましいが、逆境にあれば一般の人より何倍も心の広い人になるような気さえしてくる。フミヨさんの娘が、自分の夫に対して私に意見を求め、私が夫の妥当性を述べると、そのことに対してお礼を言ったのは、まさに「自己の心の広さの確証」を実感したからではないだろうか。

二重三重の介護

正友さんは、髪が黒くとても八十六歳とは思えない。しかし、会話はほとんど成り立たず、テーブルの上を撫でたり物をつまむような仕草は、きっとテーブルの上に何かが見えているのだと想像できる。そして、右手でつまんだものを左の手の平に移すという仕草を飽きもせずに繰り返す。ある時私は両手の平を差し出し、左手の平に置かれたものを受け取る恰好をすると、正友さんは左手の平に溜まったものを私の手の平に移し、自分の両手を私の服にこすり付けた。きっと何か汚いものが見え、それを拾っていたのだろう。

正友さんはまた、さっきまでテーブルの上のものをつまんでいたかと思うと、突然立ち上がり歩こうとする。しかし、上手く歩けずによろけて介護員をヒヤヒヤさせることもしばしばだ。その理由は、数年前に転倒し大腿骨骨頭置換術を受けたが、認知症のためにリハビリを受けられずに今に至っているからだ。つまり歩こうとしても足が痛んだり力が入らずによろけてしまうということである。

正友さんが入所して約三カ月経つ。入所して一週間経った頃、突如、麻痺症状と片方の口角から涎《よだれ》を垂らすという、明らかな異変を起こした。受診の結果、「慢性硬膜下血腫《こうまくかけっしゅ》」によるものだと判明し、即日手術となった。しかし、施設入所後の一週間に転倒もなければ頭部打撲の既往もなく、この施設に来るまで在籍していたグループホーム（認知症の人たちのための施設）で何らかのトラブルがあったと思われる。家人によれば、その頃よく転倒していたということである。正友さんの既往歴に「てんかん」「甲状腺機能低下症」「心臓弁膜《べんまく》症」それに「認知症」がある。

「今日は正友さんの身元引受人である娘さんが来てくれます。その娘さんですが、自分の母親の介護もしているし障がいを持つ息子さんもいます」と同僚から情報をもらい、正友さんの娘さんとの面談に臨んだ。

私の面談の手法は、まず利用者の抱えている疾患の発症年度や初期症状等を聞くことから始まり、徐々に話を掘り下げ、利用者の生き様や現在の家庭環境それに兄弟姉妹関係を聞くことで今後の利用者の目標を立て、それから家族の意向聴取に入るというのが通常のやり方である。正友さんの家庭環境や娘さんの置かれている立場は概ね以下のようにまとめられる。

正友さんは仕事一筋のいたって真面目な人であったが、内向的な性格で親しい友人はほとんどいなかったようである。幸いにもその仕事というのは部品工場で人を相手にする仕事ではなかった。そんな正友さんにひとたび酒が入ると人が変わったようになり、妻とのいさかいが絶えなかったという。そしていつの頃からか認知症の症状が現れ、妻一人での介護では追いつかなくなってグループホームに入所することになった。

「てんかん」発作は若いころからたびたび起こし、また酒の勢いから転倒したり、時には野宿してしまうこともあった。正友さんには妹がいたらしいが、幼い頃の両親の離婚で離れ離れになってしまった。妹は母親が引き取り、正友さんは父親が引き取った。ところが、父親が再婚し正友さんは後妻に育てられることになったが、二人の関係は決して良好ではなかったようだ。

るようである。

正友さんの娘さんは、父親の「てんかん」はこのような環境で育ったためのものだと考えてい

正友さんの入所後、妻は一人暮らしを続けていたが、その妻も一年ほど前から認知症の症状が出始めた。幸い娘さん宅からそれほど遠くはないため、デイサービスとヘルパーの援助を受けながら娘さんが面倒を見ている。

娘さんは、結婚後は二世帯住宅の生活を始めた。夫の両親と義母の姉との生活である。ここ一〇年ほど前から義母の姉に手がかかるようになり、またその頃、障がいのある自分の息子の世話にも時間が取られると共に、さらに父親の認知症状のために実家の手伝いにも追われるという日が続いた。このような状況下、この頃には何度も「自殺」を考えたという。現在三十歳になる息子が生後九カ月の頃、「急性硬膜下血腫」の手術を受け、その後遺症として知的障がいが残った。原因は、娘さんが抱いていた息子を落下させたのだ。手術後はリハビリに明け暮れる毎日で、娘さんは息子にかかりきりになるという生活が何年も続いた。この間、食事の用意は姑がしてくれていたらしいが、徐々に嫌な顔をするようになってきたために、自分の母親に援助を申し込んだが体よく断られてしまった。それどころか、母親は折に触れ「あんたのせいで〇〇（娘の子ども）がこんなことになった」と娘に罵声《ばせい》を浴びせたという。その息子も今では障がい者施設で暮らせるようになり、土曜と日曜に帰宅するという生活スタイルが定着したとのことだ。

息子と義理のおば、それに父親の介護を担っている頃に比べれば、現在は少しは気が抜けるようになったものの、今度は姑が世話を要するようになり、また母親も一人で放っておけない状態になった。加えて正友さんは、いつ「てんかん」や病気を発症するかわからず、気が休まる暇もない毎日を送っている。電話が鳴り施設名を告げられると、血の気が失せる思いがするという。

「あのね、あなたに必要なのは心の余裕だと思うよ。柱になる人が倒れたら後はどうなる……。今、あなたに必要なのは自分を労《いた》わることだと思う。だからお父様のことは、施設で責任を持ってお預かりします。施設内で出来る対応でよろしいですね。『肺炎』であれば、施設で点滴等をして対応してあげられます。お父様のように、『てんかん』や意識消失が起こるたびに病院へ連れていくとなれば、その都度あなたに負担がかかりますよね。だから、全て施設で対応するということでよろしいですね」と私は半《なか》ば強制的に言うと、娘さんは突然泣き出して、「特養というところは、みなどこもそうなんですか。私は、特養は全く何もしてくれないと思っていました。グループホームでも、このように話を聞いてくれたり詳しく説明してくれたことは一度もありませんでした。私は言われるままに動いてきました。まるで夢を見ているようです。このような言葉をいただけるとは考えてもいませんでした。ありがとうございます」と頭を下げられた。

「ただ吐血や脳卒中等の対応は施設では無理だと思いますので、その時はご協力くださいね」と言うと、

「もちろんです。本当にありがたいです。」と了解した。

「母の介護をしていてとても憎らしくなることがあるのです。息子が大変な時に私を責め続け、協力してもらいたい時にもそれを得られませんでした。今となってはどうしようもないことだとはわかっているのですが……」と、母親に対する現在の気持ちを漏らした。私は、それはそれでよいと伝えた。そして私が過去に体験した以下の例を話した。


九十八歳のマコトさんは重度の認知症で娘のことも判別できなかった。一人娘であるマコさんは身元引受人であったが、彼女には不幸な過去があった。父であるマコトさんは、マコさんの母親を追い出し愛人を家に連れて来た。そしてマコさんが決して許せないのは、二人してマコさんの母親の話をして愚弄することであった。マコさんは結婚を機に父親との関係を断っていたが、父親と関わりだしたのは、父親に認知症状が出始めてからであった。その時には後妻は他界していた。公務員であった父親には相当の蓄えがあるはずなのに、マコさんが気が付いた時には、後妻亡き後もその近親者によって、認知症の出始めた父親を言いくるめて無一文にしていた。マコさんは父親を許す気にはならないが、仕方なく身元引受人になったのだった。

その経緯を聞いた私は、「マコトさんは私どもが責任を持ってお預かりしますので、もしマ

コさんの気持ちに変化が出た時には、マコトさんと関わってほしい」とだけ伝えた。
それから月に二度ほど私に会いにやって来たが、父親との面会には至らなかった。
こうして一年が経過した頃、「気持ちの整理がやっとつきました。父はこれから先何年も生きられるわけではないでしょう」と言って、マコトさんの入所後初めてマコトさんとの面会がかなった。しかし、もちろんマコトさんはマコさんが誰であるのかさえわからなかったのであるが。それからは週に一度、マコさんの仕事休みの日には面会に来るようになり、マコトさんが亡くなる時には、二人は和解していたのであった。

この話を正友さんの娘さんにしたところ、自分の姿と重なったのか泣きながら聞いていた。「よくわかります……。あまり自分の気持ちを押し殺さず何とかやってゆきます」と言われた。その後、しばらく雑談をして面談を終えたのだが、すでに二時間余り経っていた。娘さんは、私たちに会えたこと、父親がこの施設に入所できたことに感謝の言葉を述べられ面談は終了した。もちろん、父親の急変時における意向は、全て施設内対応を希望し延命は望まないというものである。

私が実施している家族面談は、主に利用者の急変時における意向確認と病状説明、それに看《み》取《と》りに関するものであることが多い。しかし、話はそれに留まらない。家庭内のいざこざや親に対する鬱屈《うっくつ》した感情等は、日頃たやすく人に話せるものではない。だからこそ、当事者はどうしたらよいかを迷い悩み続けるのだ。そして、ひとたび語りだすととどまるところを知らない。私は、それを肯定も否定もせずに聞く。そうしておいて、「だからこうしてはいかがでしょう」という方向性の提案をする。人は、自分の置かれている立場や事情あるいは本音を聞いてもらい、それを分かってもらえた上での忠告や助言あるいは指示などは、比較的謙虚《けんきょ》な姿勢で受け止められるものであるし、実行しようとするものである。これが、私が数多く行った面談で得た知識であり経験則だ。

そうすることで、私にも変化が生まれる。その家族を一面的な見方でしか捉えられていなかったこと、あるいは利用者側に立ってでしか家族を見ていなかったことを思い知らされる。利用者はそれぞれ全く異なった家庭環境を持ち、人間関係を紡《つむ》いできた人たちであることを、私たち職員はもっと深く捉えなければならない。「家族とはこうあるべきだ」「親子とはこうあるべきだ」「夫婦とはこうあるべきだ」という一般的な規範で、その利用者および家族を量《はか》ろうとすることは、私たちの傲慢《ごうまん》さと言えるかもしれない。

福祉施設の看護師たちがよく口にするのは、「家族は『看取りは施設でお願いしたいし、延命治療は望みません』と意向表明しているにもかかわらず、事態に直面すればいとも簡単に本意を翻してしまうことが多い」ということである。つまり、家族の気持ちは土《ど》壇場《たんば》になれば急変することが少なくないと言いたいのだろう。

しかし、人の気持ちはそう簡単に変わるものなのだろうか。本来なら特に急変や看取りに関しての意向は、真剣に考え悩み抜いた上での結論であるからして、変転することはそれほど多くはないはずだ。では、一体なぜそういうことが起こるのか。それは、私たちの説明の仕方や情報の提供の仕方、そして何より家族の気持ちや思いの受け止め方等の未熟さゆえの結果ではないのか。通り一遍の説明や確認で得た答えは、うわべだけのものになりがちだと思っていたほうがよい。そして、反省すべきは私たちのほうにこそあるということに思い至る必要がある。

第二章

説明責任

インフォームドコンセント（説明と同意）に関しては、改めて詳しく説明するまでもないだろう。医療に関して言えば、手術方法の説明をして患者や家族から同意をもらって実施するというように、患者や家族の同意・承諾をいただいてから医療行為を行うことである。だが、果たしてこれで対象者がしっかり理解した上で同意しているのかと言えば、あながちそうとも言えない。たとえば、専門用語を使われて説明を受けても理解できないことがあるのではないか。あるいは、これを読んでサインしてくださいと言われれば、大概の人は内容の吟味《ぎんみ》をすることもなくサインしてしまうのではないか。看護用語でも同様のことが言える。

「床頭台にコップとガーグルベースンが置いてありますから使ってください」と言われたとしても、いったいどれほどの人が理解できるだろう。ちなみに「床頭台」とは、病室の患者のベッド付近に設置されていることが多い台のことであり、「ガーグルベースン」とは、ベッド上などでうがいした水や嘔吐物《おうとぶつ》を受けるのに使う、カーブした洗面器のようなもののことである。

母が入院した時のことである。「これにサインをして後で提出してください」と言われ、四〜五枚の用紙を渡された。入院同意書から始まり、寝衣の借用書、さらに拘束《こうそく》の承諾書があり、これには仰天《ぎょうてん》してしまった。その文面には、「治療上やむをえない場合は拘束をする」というような内容となっていた。もちろん、不承不承提出したのだが、これらに関する口頭の説明は一切なかった。たぶん読めばわかると判断した上でのことであろう。ここで言う「治療上やむをえない場合」とは、具体的にどのような場合を指しているのだろうか。またどのような事態になった時、適用されるのか等、文章を読んでもどこにも書かれていなかった。このような場合、果たしてどれほどの人が尋ねる勇気を持っているだろうか。

話は変わるが、先日冷蔵庫の故障のため、新品を購入すべく電器屋さんに行った。A商品とB商品では容量が同じなのに、値段が異なる。販売員にそれを尋ねるとこれらの相違について詳しく説明をしてくれ、家族構成などの質問を受け、その後A商品を勧めてくれたので、納得（同意）して購入に至った。

さて、冷蔵庫購入の際の説明と同意（納得）と医療の場合とでは、決定的に異なる点がある。それは可視化である。冷蔵庫の場合は、自分の目で見て確かめることが出来るが、医療の場合は、想像（イメージ）しか出来ないのだ。薬の効果は服用してみなければわからない。手術後のことは手術を受けてみなければわからない。放射線の効果も当初はわからない。終末期はどのような経過をたどるかはその時々でしかわからない等。そうであるからこそ、通り一遍の説明ではなく、具体的にイメージ出来るようなわかりやすい説明こそがとても重要なのだ。

さらに、説明の際にもう一つ大切なことがある。それは、対象者に選択肢を提供することである。たとえば、医師が自分の得意とする手段や方法だけの提供にとどまるならば、それは説明ではなく強要となる。認知症による嚥下《えんげ》障害が現れた時、対処法として「胃ろう」もあれば「中心静脈栄養」もあり、ひいては「何もしない」という方法もある。そしてそれらは、それぞれ特徴を持っている。これら全てを情報として与える（説明する）ことで、イメージ化が図られ、心からの同意（納得）に至ると思われる。

家族の意向の矛盾

つたさんの特養入所に当たり家族面談を行ったのは、入所契約を済ませてからであった。契約に際しては、つたさんの長男夫婦が立ち会われ、私が行う面談には長男が仕事に戻ったため、長男の妻一人が臨まれた。

まず、つたさんの病歴を紹介する。

平成十五年に起こした「脳梗塞《こうそく》」がもとで、徐々に「認知症」が進行し、現在は重度になっている。

平成二十三年に「心不全」で入院し、入院中に「脳動脈瘤《どうみゃくりゅう》」が発見された。

平成二十五年に「腎結石」で、そして翌年には「気管支喘息」で入院した。

このように、病気が発症するたびに入院治療を受けていたが、認知症状が進行した平成二十三年頃からの入院に際しては、長男の妻が二四時間の付き添いを病院から強要された。

現在も、つたさんには「脳動脈瘤」の破裂により一瞬にして生命を奪われるという危険性が付きまとっているが、親族はその心構えは出来ているとのことである。そして、聞き取りをしていくうちに、つたさんには生まれつき腎臓が片方しかないことがわかった。長男の妻によれば、転々とした病院や老健（介護老人保健施設）で何度もそのことを伝えているというが、サマリー（要約）には記されていなかった。過去に「腎結石」の治療を受け、その際に結石が排出されたのか、あるいは今でも残っているのか是非とも知りたいと思ったが、長男の妻からは答えを得られなかった。私がこれにこだわる理由は、腎臓が一つしかない上、結石が大きく成長すると「腎不全」を併発し、生命の危機に直結するからに他ならない。長男の妻は、「たくさんの大きな病気を患《わずら》い、九十歳になる今も生きているのだから、そのことのほうが不思議なくらいだ」という感想を漏らした。

さて、医療および看取りに関する意向確認に話が及ぶと、「先ほどその話は聞きましたし、夫がサインをしました」と言われた。そんなはずはない。医療的な話や意向確認は看護師が行う手はずになっている。けれど、頑として「聞きました」と繰り返し、先刻の柔和な表情は消え、とても厳しい顔つきになっていた。一応、契約に立ち会った職員に確認を取ると、案の定「胃ろう」の話はしたが、それ以外の医療的なことは何も話していないということであった。

そこで、長男夫人にはさらりとそのことを伝え、とにかく「意向確認書」の説明を聞いてほしいとお願いした。

「最期をどこで迎えたいのか」という設問に対して、「たぶん病院と答えると思いますよ、子どもたちは」という回答であった。次に「人工呼吸器の装着を望まれますか」という設問に対して、長男の妻はそれを「ペースメーカー」だと誤解していたため、詳しい説明を行ったところ、「きっとそれも望むと思いますよ」と答えた。次に「食べられなくなった場合どのような方法を望まれますか」という設問に対しては、「『胃ろう』はしません。点滴を希望します」という答えがすぐに返ってきた。

そこで私は、「老衰や認知症等で食事が摂れなくなった際、延命のために『点滴』をする場合は、入院という形をとることになります」と補足説明した。すると、「今まで何度も点滴をして病気が治ったのに、それも『延命』なのですか?」との質問が来た。

「いえ、その場合の点滴は病気を治すためのものであり、延命ではなく治療となります」と返すと、

「この文面では、『食べられなくなった場合』となっているではありませんか。以前も食べられなくなって、点滴で治ったのですよ」と反問された。

「はい、その場合は病気のために一時的に食べられなくなり、点滴等で治療を行った結果、病気が治り、それと同時に食べられるようになったと考えてください。しかしそうではなくて、この文面は老衰や嚥下困難を来《きた》す病気のために食べられなくなった場合を指しており、『点

滴』によりある程度『生命』を長引かせることを言っているのですよ。たとえば、遠方に住む子どもが到着するまで何とか持ちこたえてほしいというような場合などがそうです」と答えると、

「私では決められません。娘に責められるかも……。義父の時がそうでしたから」と返してきた。

「そうでしたか。日頃あまり関わっていない人たちが、口だけ出すということはよくあることですからね」と相槌《あいづち》を打つと、

「娘は遠方にいます。でも、いくら遠くても実の親子ですから」

「それじゃあ、ご家族間で話し合って決めてください。このようなことは、ご本人に聞くのが妥当ですが、肝心のご本人は意思を伝えられませんから、子ども達がそれを決める義務がありますよね。とことん話し合ってください。ところで、つたさんは九十歳です。ご家族は、そのつたさんに今後どのように過ごしてほしいのでしょうね。つまり、少しでも生命の終わりを先延ばしにするために、徹底的に治療をすることを望まれるのか、それとも寿命に任せると考えるのか、まずそのことを優先的に話し合ってください。ただし、あくまでもつたさんを中心に考えてあげてくださいね。つたさんにとって、どうしてあげることが益になるのかを考えてください。子どもたちには、決して自分の思いを基軸にしないように伝えてくださいね」

そこまで話すと、「わかりました。きちんと伝えます」という返事が戻ってきた。

「先ほどの『人工呼吸器』を希望するということは、意識のない人の生命を長引かせることを希望するということですから、『胃ろう』はつけないという回答では矛盾が生じます。とにかく、まずつたさんに残された時間をどう過ごしてほしいかをきちんと考えることから始めてくださいね」と念を押した。

このケースについて二、三の考察を加える。

面談が始まり話の半ばまでの長男の妻は、笑いも見られとても表情が柔《やわ》らかであった。そして、つたさんは年齢も重ねている上に、たくさんの病気を経験してきたので今の生は奇跡的なものであり、いつ逝ってもおかしくはないと考えているというような内容であった。

ところが、意向確認書に沿った説明を始めた途端、表情がこわばったのだった。逃げ腰で、まるで自分はそのことに関しては無関係といったような素振りに見えた。そして、一言一句に難癖をつけるというか、反問を繰り返すという始末であった。面談している私のほうが、長男の妻のあまりの変貌《へんぼう》に戸惑ったくらいだ。

このことは、「遠くにいても娘は娘ですから」という言葉や、「舅《しゅうと》が亡くなった時のようないやな思いをしたくない」との言葉から、つたさんの直系である息子や娘との狭間で、ひたすら感情を押し殺してきたことが推察される。病院からの要請で、二四時間付き添ったことや「自分たち（息子や娘）の親だから」という言葉には、決定権は彼らにあり、自分はそれに従うだけだという強い決意のようなものを感じた。

また、「今までお世話になっていた施設からは、義母について全く連絡がありませんでした。たとえば、入居している階が替わった際や居室移動があった時にも、面会に行って初めて知ったのです」ともおっしゃった。そこで私は「では、投薬内容の変更や食事形態の変更等もお知らせするほうがよろしいですか？」と問うと、「こまごました内容のことは不要ですが、受診に至る際や食事変更等はやはり教えていただきたいです」と答えた。

察するに、長男の妻はつたさんの娘に対して、定期的に連絡報告をしてあげているのであろう。いずれにせよ、長男の妻の微妙な立場というか疎外感《そがい》といったほうがよいかもしれないが、そんな雰囲気を感じたのである。以前私にも似たような体験がある。私の全く知らない間に墓の建立の話が成立しており、代金支払いの段階になって、初めて義妹《ぎまい》から知らされたのであった。その時の疎外感は今でも記憶に残っている。

さて、多くの家人面談をしての実感であるが、急変時の対応および終末期の対応において、「人工呼吸器」の装着を希望するが、「胃ろう」は望まないという矛盾する回答を出す家族が少なからずいるということである。これは、昨今メディアで「胃ろう」の議論が繰り広げられることが多いからか、「胃ろう」は説明をしなくても知っている家族が多く、またほとんどと言ってよいくらい「胃ろう」造設に対しては否定される。一方、「人工呼吸器」の目的や機能について知らない家族が増えている。私が初めて特養に就職した平成十二年の頃は、大概の家族はそれを知っていた。その頃のメディアは、「人工呼吸器取り外し」の是非を論じていたように思う。ここで言えることは、社会の人たちの価値観や倫理観は、メディアに大いに左右される傾向にあるということだ。このことは良いか悪いか一概には言えないが、面談に際してはより慎重に言葉を選び丁寧な説明が必要になってくる。

つたさんの長男の妻においては、「人工呼吸器」の名前さえ全く知らず、そこから説明を始める必要があったのである。しかしそれにもかかわらず、「人工呼吸器」に対しては「たぶん装着を希望されると思います」と言われ、いささか腑《ふ》に落ちない感がある。いずれにしろ、兄妹間での徹底した話し合いが必要だ。でなければ、つたさんの「死にざま」を巡って兄妹間で激しい言い争いを生み、絶縁関係にまで発展することだってありうる。

今回の面談ほど疲れたことはない。それは、一つには長男の妻の激変に対しての違和感であり、あと一つは、「人工呼吸器」と「胃ろう」についての兄妹の要望に、納得のいかない感情を私が持ったことである。その感情をコントロールしながら面談をすることに疲れたのだと思う。しかし、百人百様の家族がいれば、百人百様の価値観・倫理観を持っているということだ。そのことを頭ではなく、心底から私自身が納得できるよう鍛錬《たんれん》することが肝要《かんよう》なのだ。

利用者が特養に入所されるに当たり、利用者の情報を病院や施設からいただくことになる。

利用者の食事にも気を遣う

俗に言う「要約（サマリー）」である。そこには、利用者の現状や既往歴および服用中の薬剤等が記されている。そしてそれを基に、私たちが今後利用者にどう関わってゆくか、どこに気をつけねばならないか等を考えるわけである。しかし、その情報に利用者にとって重大なことの記入漏れがあれば、後の看護（介護）に大きな影響を及ぼすことになりかねない。つたさんの場合の「腎臓が一つしかない」という事実が、まさにそれだ。

サマリーの内容のお粗末さに、辟易《へきえき》することが少なくない。家族は「以前伝えているから」という理由で、利用者の転居の際に教えてくれるとは限らない。私たち医療従事者は、サマリーの重要性にもう少し慎重になる必要があると思うのだ。

過去、こういうことがあった。入所して間もなくの利用者が、昼食にほとんど手をつけていない。聞けば、「蕎麦《そば》が食べられないの」と言う。俗にいう「蕎麦アレルギー」だ。蕎麦アレルギーの人は、重度になると、呼吸困難に陥ることもある。この利用者は、老健から移ってきた人であり、その老健に連絡を取った。返ってきた答えは「当施設では問題ありませんでした」であった。では、この利用者は蕎麦アレルギーではないということか。本人が、それを自覚して箸《はし》をつけていないことから推して、過去に何らかのアレルギー体験をしていると考えられる。この利用者は判断可能な人であり、危険だと思えば自らそれを回避するであろう。だとすれば、蕎麦に箸をつけていないことに老健の職員が気付かなかっただけかもしれない。

ところで、本利用者の場合は行動を自ら選択し、危険を回避したり質問に答えられたりすることができたが、判断能力の欠如している人の場合ではどうだろう。考えただけでも背筋が凍る。何度も言うが、既往歴やアレルギー等その人の生命に関わることをおろそかにしてはならない。

話は元に戻る。つたさんの長男夫人と別れてから三日後、長男夫婦が来られ次のように語ってくれた。

「妻からあなたとの面談内容を聞きました。妻は母のために今まで懸命に頑張ってくれました。それでも妹がなんだかだと文句を言っているようなので、自分としては妹を快く思っていませんでした。今回にしても、妹は何が何でも母の生命を繫ぎとめることを主張しました。住まいが遠方ということもあり、年に一度顔を見せるか見せないかのくせに口だけは出す。このたびは私も限界が来てしまい、『なら、自分で母の面倒を見ろ』と怒鳴ってしまいました。そして、話し合いの結果、私に一任するということに決まりました。そこで、母も高齢であり、何度も入退院を繰り返しましたが、最期ぐらいゆっくり施設で過ごしてほしいと思います。つまり、延命治療は一切望まないということです。よろしくお願いします」

傍らで聞いていた長男夫人は、頷《うなず》きながらも時々流れる涙を拭《ぬぐ》っていた。

変転する意向

私の出勤日の前日の夜と前々日の夜に、ハルさんは三八度の熱を出した。そしてその間、一度だけ嘔吐をした。熱は両日共に朝には平熱になったようだが食欲が全くなくなり、通常なら全て平らげるところを数口しか摂れていないようだ。

私はハルさんを訪ねた。認知症のために意思疎通は出来ないが、ハルさんにどこか調子が悪いところはあるかと尋ねると、愛想よく的外れな答えを返してくれた。顔色も良いし声にも活気があった。食欲がないのが気になるが、バイタルは言うに及ばず、腹部にも違和感はなかった。強いて気になることを挙げるとすれば、一分間に六回くらいの不整脈を触知することぐらいであった。が、高齢になればあまり珍しいことではない。今日の昼食摂取量を介護員に尋ねたところ、やはり一割程度しか摂れていなかった。当のハルさんは午後になってもニコニコと多弁で相変わらず変化はなかった。単なる風邪かもしれないと考え、もう少し様子を見ることにした。

夜八時過ぎに看護師から電話が入った。その日の午後六時過ぎに介護員からハルさんの様子がおかしいという報告を受け見に行ったところ、最高血圧が六〇ｍｍＨｇ（水銀ミリメートル）を下回り、脈もほとんど触れずショック状態であったという。すぐに救急車の手配をし、やっと今落ち着いたところだという。医師の説明によれば、「心筋梗塞」を起こしているので入院の上、治療を要するということであった。ハルさんは、過去に二度の「心筋梗塞」の既往がある。

「心筋梗塞」といえば、胸痛・冷汗・顔面蒼白《そうはく》等の症状を呈し、特に胸痛においては人によれば「錐《きり》で胸をえぐられるような痛さだ」と言われるくらい激しい疼痛を伴うと、教科書には記載されている。しかし、ハルさんは全くそれに当てはまらない。高齢者の場合、心筋梗塞に限らずあらゆる疾患において、その疾患に特有な症状を現すとは限らない。「肺炎」にしても然りである。肺炎の症状として発熱・咳・痰が典型的だと言われるが、高齢者の場合は、無症状なことも往々にしてある。以前、私は以下のような体験をした。

サトさんは八十歳そこそこの重度の認知症の人で、自分で出来ることは何一つなかった。食事に始まり、寝返りまで人の手に頼らざるをえなかった。言葉も奪われ、何とか嚥下《えんげ》機能だけが残っていた。確か土曜日のことだ。昼食時、サトさんに異変が起こった。食事中に食べたものを全て嘔吐し、顔からは汗が滴《したた》り落ちていた。すぐに臥床させバイタルサイン（体温、脈拍、血圧、呼吸数）をとったが、全く異常はなかった。一五分毎に様子を見に行ったが、冷汗以外に何も異常を発見できなかった。

嘱託医に連絡を取り、状況を報告し心電図をファクスするので見ていただきたい旨を伝え、それを送ったが何も異常はないという返事が戻ってきた。一時間ほど様子観察していたが、サトさんの冷汗は相変わらず続いていた。受診するにも土曜日の午後ということでもあり、懇意にしている病院に無理を言って診察してもらえるように段取りした。

その日に可能な検査を全て受けたが、これといった異常を見つけることが出来ず、施設に連れて帰るように言われた。しかし、翌日は休日であるし夜間は看護師が不在となるので、今晩だけでも入院させてほしいと頼み込んで了解をいただいた。ちょうどその頃、家族が到着したが結局帰っていただくことになった。

施設に戻ってから一時間ほど経って、病院からサトさんの死亡を告げられた。死因は「心筋梗塞」ということであった。

話を元に戻そう。ハルさんが入院して一〇日後、身元引受人である娘との面談に至った。面談をした理由は二つある。一つ目は、ハルさんはこれで三度目の「心筋梗塞」であり、退院したあともこれから先に再度起こす危険性があり、かつ突然死を招くこともありうるという説明をしておくべきだと判断したため。二つ目は、「急変時における意向確認書」の内容が二度にわたり変転しているため、再確認したかったためである。

最初の意向確認では、最期をどこで迎えさせたいかの問いに「わからない」と答え、また「積極的治療を望む」とあった。ところが、二度目の意向確認書の内容は最期は施設を希望しており、積極的治療は希望しないものの、入院加療を望まれていた。

娘は、入院してから一〇日が経つ現在のハルさんの状態の報告をしてくれ、同時に自分の心境を語ってくれた。以下は、娘の話をまとめたものである。

入院当初のハルさんの検査の結果は、三本ある冠状動脈（心筋に酸素および栄養を送る動脈）のうち一本は完全に詰まって機能していない。あと一本は半分しか機能しておらず、残る一本にカテーテルを挿入した途端に心停止を起こしたので断念した。現在の心機能は正常の六〇パーセントほどで、突然死に至ることもありうるので、ＩＣＵ（集中治療室）でしばらく様子を見ることになった。その後、落ち着いてから不整脈の治療と心臓へのステント（人体の管状の部分を管腔内部から広げる医療機器）挿入を試みるというのが医師の治療方針である。ところが、ハルさんは入院当初から暴れまわるために拘束され、鼻腔《びくう》チューブを入れられて薬剤の投与を受けていた。また、特に夕方になると暴れることが多くなるので、夜間の付き添いを強要され、入院から現在に至るまで娘が付き添っているのだそうだ。

娘は夫と共に自営業を営んでいるので、閉店後ハルさんの付き添いをしているが、このままでは自分の家庭が破綻《はたん》してしまう状況下にあるという。娘としては、ハルさんを一日でも早く施設に戻してほしいというのが本音だが、医師にはまだそのことを伝えられていないということであった。肝心のハルさんの様子だが、回復力が早く本日から食事が開始され歩行も始めるそうである。

「今までのお話ですと、治療よりも施設に戻ることを優先したいということになりますが、以前の意向確認書においては、治療を優先させていましたね。今回お越しいただいたのは、何度も『心筋梗塞』を起こしているハルさんを再度お預かりするに当たり『延命』を望まれる場合は、責任を持ちかねるということの相談だったのです。全く自覚症状のない『心筋梗塞』となると、今後も後手になりかねないからです。今回は、看護師が勤務していましたので救急搬送という形になりましたが、仮に夜間において『心筋梗塞』特有の症状がなければ、様子を見ていたかもわかりません。そうなると、取り返しのつかない事態になっていた可能性もあるのです。しかし、先ほどのお話ですと、施設生活を優先させるということになりますが、そのように受け取ってよろしいのですか?」

「全くその通りです。病院での付き添いを経験したり、治療のためとはいえ拘束されている母の姿を目の当たりにして、今後絶対に入院させてほしくないと思いました」

「そうですね。お母様のようにほとんど自覚症状のない人は、そのほうがいいかもしれませんね。『心筋梗塞』といえば、激しい胸痛があるというのが通説ですが、高齢者の場合だと無自覚ということもあるわけですね。今回、食事を摂れないというのが唯一の変化でした。では、他の疾患や症状が出た場合、たとえば『吐血』や『重症肺炎』を起こした場合、どのようにお考えですか？」

「はい、全く変わりません。施設内で出来る範囲の対処をしていただければ結構です」

「ところで、前回と前々回そして今回では、『急変時に対する意向』が逆になりましたが、その理由をお聞かせ願えますか？」

「はい、一つには母の付き添いをしてみてこんな状況が続けば、私たちが疲弊《ひへい》してしまうということ。二つ目は母にとってそこ（治療の場）は地獄《じごく》と化すこと。あと一つはこの『意向確認書』を自分流に解釈してしまっていたことにあります。たとえば、『入院して治療を受けますか、それとも施設での対応を望みますか』という質問では、病気になり治療を受けるためには、入院するのが当たり前だと考えたわけです。施設で、点滴や他の方法で対処していただけるということを全く知らなかったからです」

「すると、この書類に関しての内容の説明を受けていないということですね」

「はい、その通りです。ただ記入して提出するように言われただけです」

〈ああ、なるほど。それじゃあ自分流に解釈しても無理からぬことだ〉

これまでに面談した家族の中にも、同じようなことを言う家族が少なからずいた。

「ところで、ハルさんはどのような食事を摂っていますか？」

「粥《かゆ》です」

「心臓に負担を掛けないように徐々にアップしようと考えているのでしょう。でも、ハルさんの場合、嚥下には全く問題はありませんし、確かお粥を好まれなかったはずですから、退院後は入院前の食事に戻しましょう。普通食を食べていたはずです」

娘は、早急に担当医に会い、退院を願い出る旨を約束して施設を後にした。それから三日後、病院からハルさんの退院が決定したという通知を受けた。

多くの高齢者と接していると、私たちが学習したことがあまり役立たないことが少なからずある。ハルさんの場合は、「心筋梗塞」の最も代表的な症状である胸痛を全く認めなかったし、サトさんにおいては、亡くなる直前まで心電図に異常を認めなかったのであるから、科学の力なんてたかが知れているという気さえしてくる。

以前勤めていた特養において、九十八歳になるすごい女性がいた。その人の息子によれば、「母親は、病気という病気は自分で治してしまう」というのだ。指の骨折も放置したままで治し、乳がんですら放置することで治してしまったというから驚く以外にない。確かに、指は変形していたし、乳がんは硬いしこりになっていた。誤解しないでいただきたいのだが、「だから観察を怠《おこた》ってよい」とも「治療しないでよい」とも言うつもりはない。むしろその逆で、典型的な症状を現さないからこそ、私たちの五感を研《と》ぎ澄《す》まさなければならないし、治療をしないという選択をするなら、その後の経過に十分目を注がなければならないのだ。特に認知症の人においては、違和感や痛みを訴える術を持っていないのだからして、より私たちの注意深さが要求されるわけである。

ハルさんの娘の意向、すなわち「今後、再梗塞を起こした場合や、他の疾病に罹《かか》っても入院を避けてほしい」という選択であるが、全ての人がこの決定（内容）に納得できるかと言えば、あながちそうとは言い切れない。なぜなら、「梗塞」を起こした場合は治療すれば治る可能性もあるからだ。他の疾病にしても、施設内で出来る範囲の対応は取れるが、病院のように検査でフォローすることも出来なければ、濃厚な治療を施すことも出来ないという意味においても然りである。しかし、だからといって娘を非難することは道理にかなっていないことも事実だ。彼女は、付き添いという体験を通して、母親中心では自分達の家庭の崩壊を免れないという危《き》惧《ぐ》を持ち、また拘束等によるあられもない母親の姿を見ることで出した結論である。娘の「急変時における意向」が変転したのも頷ける。

人は体験することで学習し、価値観すら変化するものである。このことは、決して母親を粗末に扱っているとか蔑《ないがし》ろにしているということではない。自分たちの生活の基盤がまずあった上で親の介護が存在するのでなければ、自分たちの家庭は崩壊するかもしれないし、自分の気持ちのアンビバレンスに苦しむことになるはずである。そしてそのことを、親は決して良しとしないであろう。

重たい課題であろうとも

ロングショートという形態で特養の入所待ちをされていたサチコさんに順番が回ってきた。入所に当たって「急変時等における意向確認」を行うために、身元引受人であるサチコさんの夫と面談することになった。

この面談に際しては、私は気が重かった。というのは、毎日の昼食時には、必ず夫が食事介助に通うほど介護に熱心である上に、以前にいただいていた「意向確認書」（ロングショート利用開始時）の内容は、積極的治療を希望していたからである。

九十二歳のサチコさんは、言語障害のために全く言葉が出ず、加えて両四肢の拘縮《こうしゅく》（関節の可動域が制限され、屈曲《くっきょく》・伸展が困難になる状態）が著しく全面介助を要する人であった。このような年齢が高い上に重度の障害を持つ利用者の家族の意向は、年齢も高いし検査や治療でこれ以上苦しませたくないというのが一般的だ。しかし、サチコさんの夫の意向はそうではなかったのだ。面談には、サチコさんの夫と長女の二人が臨んだ。

ここで、サチコさんの病歴を紹介する。

頑強なサチコさんは病気と無縁な人であった。ところが、二年前に階段から転落するという事故を起こした。この時は幸いにも後遺症もなく無事であったのだが、数カ月経つか経たないうちに再度転落を起こしてしまったのだった。この時も大した怪我もなく無事であった。ところが、その二日後に真っ直ぐ歩けなくなったと同時に意識消失を起こした。救急搬送の結果、すぐに脳の手術を受けねばならなかった。「脳出血」である。手術後、サチコさんは歩行できるまでに回復し、自宅に戻った。しかし、それから徐々に歩行しづらくなると共に、言語障害も現れだしたのだった。そして、月日を重ねるにつれ、気が付けば現在のような状態になっていたのだ。


私は二人に、サチコさんの生活にかかわるこれからの予測等を概ね以下のように説明した。

まず、サチコさんは自分の意思を全く伝えることは出来ない状態にある。つまり不満や不快を感じたとしても、それを相手に言葉として伝えられない。しかし、常にサチコさんに関わっている介護員なら、少なくとも他の人たちより顔の表情などで感じ取ることが出来る。

二つ目に、認知症の進行に伴い、誤嚥による「肺炎」を起こしやすくなるであろうし、嚥下障害を伴うことが予想される。

三つ目として、病気等で入院すれば完全に治癒するかといえば、特に高齢者の場合はあながちそうとは言えないことがままある。

四つ目として、入院を回避し全てにおいて施設内での対応を望まれた場合、責任を持って「看取り」までお引き受けすることになる。

五つ目に、急変時には入院や治療を望むという意向を示されていた場合は、夜間に体調変化を起こした際は、原則救急搬送という形を取ることが多く、入院に至ることが少なくない。

最後に、仮に「全て施設内対応」を希望された場合、環境の変化を避けることが出来るというメリットがあるが、まれに重篤《じゅうとく》化することもありうる。かといって、病院だからそれを防げるかといえば、あながちそうとも言い切れない。言い換えれば、入院という形を取ることで余計に余病を併発し、逆に命を縮めることも少なからずある。

以上の説明を夫も娘も真剣に聞いてくれていた。次いで、「あくまでもサチコさんご本人の立場になり、考えてあげてください」と前置きし、意向確認書の内容の説明に入った。

夫の選択は、全て施設に任せたいというものであった。そしてこうも言った。

「私も『肺がん』を患っています。右肺はありませんし、残っている左のほうも何個か『がん』が見つかっています。その大きさと数の確認のために三カ月に一度受診しています。抗がん剤も放射線治療も受けていません。自然に任せているわけです。私は、毎日妻の食事介助に来て他の利用者のことも見ています。入院して施設に戻った利用者を数多く見てきましたが、廃人のようになってしまった人も少なからずいます。ですから、入院というのは高齢者にとっては決して良いとは思いません」と話されたのだった。

「まあ……、ご自身に『がん』を抱えながら毎日来られている……。なかなか出来ないことです。ところで、サチコ様とご自身、どちらが先に逝くことを望まれますか？」と尋ねた。

「もちろん妻を見送りたいと思っています。ですから、あられもない姿になって生きられたら困るのです」ということであった。側で、私との会話のやり取りを聞いていた娘は、

「結果的には父の意向に沿ってくれればいいのですが……、あまりに重い課題です。今まで考えたこともありませんでしたから」と、ポロリと感想を言った。そこで私は、

「そうですね。誰もが避けて通りたい課題ですからね。私は今までにたくさんのご家族にお会いし、このような意向確認を行ってきました。しかも、入所時点でまだお元気なうちにその意向を尋ねるのですから、家族としては面食らいますよね。でも、避けては通れないことでしょう。あるご家族から『今まで一度も親の生死について考えたことはなかった。このような機会を作ってくれてありがとう』と言っていただいたことがあります。あなたも妹様と共に、これを機会に十分考えてくださいね」と長女に言うと、

「ええ……でも、重たいです」と返ってきた。

長女との会話はそこで打ち切った。夫に、

「以前のご意向は『入院し出来る限りの治療を希望する』となっていましたが……」と疑問をぶつけると、

「はい、私が勝手に解釈していました。病気になれば病院でしかみてくれないと思ったし、まして施設で『点滴』などしてくれるとは思ってもいませんでしたから」という返答であった。

「つまり、この書類（意向確認書）についての説明は何もなかったというわけですね」

「その通りです」

私は、施設職員の非を詫《わ》びた。

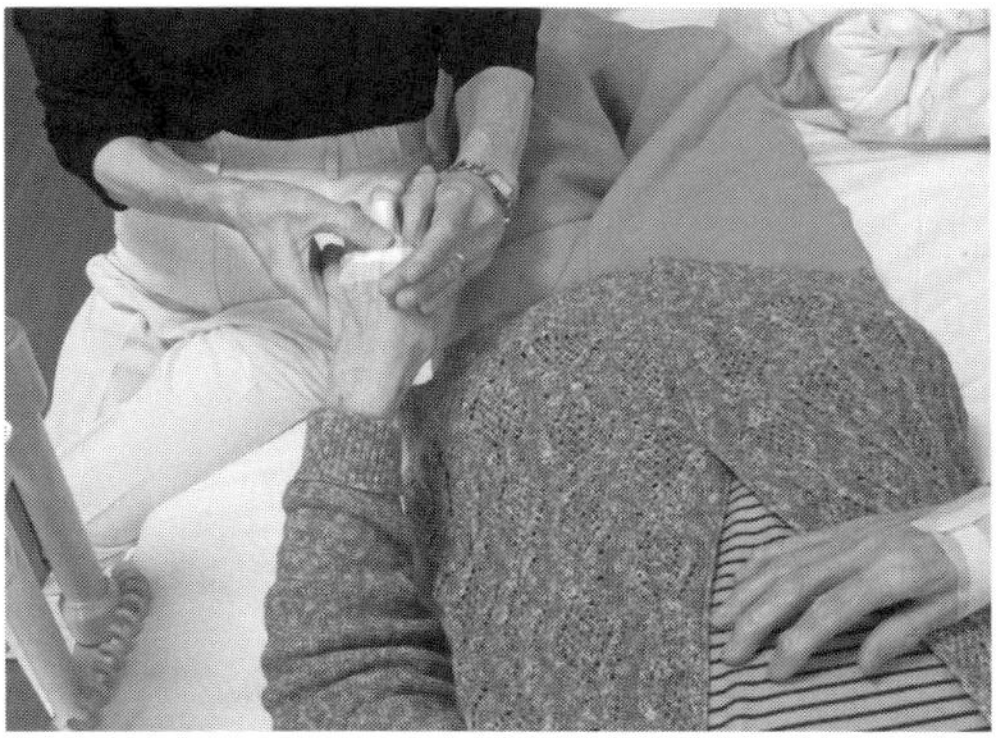
意向に沿った治療を施す

専門職者においては、一般社会の人が耳慣れないような言葉や専門用語を、日常において使うことが少なくない。それが慣習となり、誰にでも通じるものだと疑わなくなる。テレビで医療ドラマの放映が多くなるにつれ、専門用語である「オペ」等は、わざわざ手術と言い直さなくても通じるようになった。しかし、まだまだ「それって何？」という用語が少なくない。
私の若い頃の病院勤務時代の話だが、次のような笑い話にもならないような体験をした。昼食時、配膳車を押しながら同僚の看護師が、「エッセンですよー」と大きな声でアナウンスをした。するとある患者が部屋から飛び出してきて、「なにおー。エサだと。俺たちは動物か」とえらい剣幕でまくし立てた。そう、「エッセン」を「エサ」と聞き取ったのである。この頃の看護師は、食事のことを「エッセン（ドイツ語で食事の意味）に行ってきます」とお互いのコミュニケーションの手段に使っていたので、つい「エッセンですよー」という言葉が、口から出てしまったのであろう。

ところで、質問の仕方によっても、聞き手は通常自分の考えや思いで内容をイメージ化してしまうことがある。たとえば、入所時の意向確認書の中に「最期をどこで迎えることを希望しますか」という文面があるが、施設で「看取り」まで出来ることを知らなかった場合、あるいはある程度の医療行為が出来ることを知らなかった場合は、「状態が悪くなったり食べられなくなれば、病院に行かなければならなくなるだろう。そうすれば当然そこ（病院）で死を迎えることになる」と解釈すれば、回答は「病院で」ということになるのだ。実際、そのように答えた家族は少なくなかった。要は、意向確認書の内容の説明をせずして提出だけを求めた場合、家族の本来の意向とは相反するものになりかねないということだ。

若い人たちにとっては、死はまだまだ遠い存在である。そしてそれについて考える機会もなかったはずだ。仮にあったとしても、家で飼っていた鳥や犬が亡くなることなどを通してしか死というものを体験していない。人の死を目の当たりに体験した若者は、決して多くないのが現実社会だ。サチコさんの娘が言うように「考えたこともない」というのが大方の本音だろう。

身元引受人が孫という利用者がいた。利用者の年齢は九十九歳だった。その人が老衰であろうために食べられなくなってきた。孫にそのことを伝えたところ、「自分の親ではないから決められない。何らかの手段で生命が延びるならそうしてほしい」という要望を出した。そしてその利用者は「胃ろう」を造ることになったのだった。

年齢を重ねてから「生死」を考えるのではなく、若い頃からそのような機会を持ち、ある程度の死生観・倫理観の醸成に努める必要があると思う。

情報を伝え発信する義務

千津子さんは、「血尿」のために夫に付き添われ泌尿《ひにょうき》器科を定期的に受診していた。そしてその結果を夫が医務室の看護師に報告してくれていた。この日も夫が報告に来てくれた。しかし、あいにく医務室には私一人だった。常勤看護師を呼び出すアナウンスをかけてもらう手はずを整え、看護師が来るまで必然的に私が千津子さんの夫の相手をすることになった。

「疲れたでしょう」と労《ねぎら》う私に、「そりゃあもう……、一仕事ですわ。私も最近膝《ひざ》が痛くて参ってますわ」という返事が戻ってきた。ちょうどその時、看護師が現れたので話は途絶えた。

「三センチくらいの石に成長していました。医師からは、このままでは膀胱《ぼうこう》を傷つけてしまうので、砕く手術を日赤で受けるように言われましたわ。それで○日に紹介状を持って日赤へ行ってきます。その日に手術の日が決まると思うわ」と夫が説明してくれた。

「千津子さんを病院に連れて行くとなると大変でしょう」と私が聞いた。

「ああ……、でも施設の職員が妻を病院まで連れて来てくれるので助かってますわ。けど、以前に比べてパーキンソンが進んだのか、妻の動きが鈍くなってきてるので動かす時は大変です。施設に入った時は要介護度が2だったのに今では4になってます」との返事だった。

「そう、千津子さんはパーキンソン病だったのですか……。最初はやはり震えからですか」

「はい、そうですわ」

「では、今は要介護度4ということですから言葉のほうも少し聞きづらいとか……」

「そうですね。聞き取りにくいし、本人は喋《しゃべ》りにくそうですわ」

「じゃあ、食事はご自分で召し上がっておられるのですか」との問いに、夫からは「はい、時間は掛かりますがね」との答えが返った。

「そうですか……。ところで、パーキンソン病が重度になればどのようになるかご存じですか」

「食事が自分で食べられなくなると聞いてますわ」

「そうですね。でも、ご自分で食べられなくなっても介助してあげると飲み込めます。ところがもっと進行すると飲み込みづらくなってきます」


実を言うと私は、千津子さんを知らなかった。私が施設に関わりだしてからずいぶん経過するが、今まで千津子さんはこれといったトラブルを起こしたことはなかったからだ。千津子さんの夫と話しながら千津子さんのカルテに目を通した。夫の言う通り千津子さんはパーキンソン病で、しかもその薬を三種類服用していた。

「ところで、千津子さんのパーキンソン病に対しての薬ですが、もう少し増量は可能ですが、それが効かなくなる時が必ず来ます。その時のことを考えられていますか?」

「自分で食べられなくなるということですか?」と夫が尋ねてきた。

「いいえ、さきほども言いましたが物が飲み込めなくなった時のことです」

「飲み込めなくなるのですか?」

「はい、そうなれば『胃ろう』を造るかどうか選ばなくてはなりません。『胃ろう』はご存じですか?」

「知ってます。そんなこと考えたことはなかった。誰も教えてくれなかった」と夫がつぶやく。

そこで私は、「胃ろう」についていつまんで説明し、「胃ろう」を造る段階では千津子さんはほとんど動けなくなっている可能性があることなどを話し、「胃ろう」になった後の生活やリスクに加えて、「胃ろう」を造らなかった場合の生活やリスクを事細かに説明した。

「千津子さんご本人の意思を今のうちに聞いてあげる必要があるんではないですか。そしてそうしてあげることが、ご主人の義務だと思うのですよ」と私見を述べた。

するとと夫は、「妻は今でも『こんな状態なら生きたくない』と言っていますわ。そんな妻が

『胃ろう』を造ってまで生きながらえることはきっと望まないと思いますわ。あなたの説明を聞いて闇雲《やみくも》に治療や処置をしてはいけないことがよくわかりましたわ。とにかく本人には、苦しみや痛みを与えたくないわけよ。むやみな治療をしてはいけないということだな」と、結論を出した。

そこで私は夫と共に、夫が以前提出していた「意向確認書」の再確認を行い、「施設内での看取り」「延命処置はしない」「最期まで経口《けいこう》で」「点滴不要」という内容に訂正した。夫は私に、「よかった、今日はよい話が聞けましたわ」と礼を言って帰られた。今まで誰も千津子さんに起こりうる今後の予測や病気についての詳しい説明をしていなかった。「意向確認書」をいただくに当たり、これではあまりにも不親切すぎると思うのだ。

この日、千津子さんの夫に面談する予定などさらさらなかった。ところが話している最中に、千津子さんがパーキンソン病で介護度4ということがわかってきた。そこで私は、パーキンソン病という疾患の特徴を説明し、延命治療にまで話が及んだ。このように、「生死」に関わる話は、あらゆる時・場所・機会等を捕まえて、折に触れて家族にアプローチしてゆかねばならない。私たち施設看護師は常にアンテナを張り、家族に情報を伝え発信する義務を負っているのだ。

私が肝を冷やした例を挙げる。

八十九歳のトキさんは入所三年目になる重度の認知症の人だ。もともと心不全を抱えていたのだが、このところ症状が芳《かんば》しくなく全身の浮腫《むくみ》と食欲低下を来《きた》していた。身元引受人である夫の意向は「入院治療は控え施設で対応してほしい」というものであった。そこで、トキさんの浮腫に対しては「利尿剤」が処方された。トキさんの長男は他府県に在住しており、三カ月に一度帰省し、帰途に就く間際にごくわずかな時間だけトキさんの所に立ち寄っていた。

　ちょうど私が出勤の日に、施設を後にしようとしている長男と出くわした。そこで、トキさんの現状と対処法、それに夫の意向通り入院を避けるべく努力をしていることを伝えた時だった。

「現在の身元引受人は私に代わっている。父がどのように言ったか知らないが、母に悪いところがあれば治療を受けさせるのが筋だろう。そんなに心臓が悪いのなら今すぐにでも入院させてくれ」と、仰天するような言葉を浴びせられた。父親の意向は、トキさんの入所時のものであり、その後施設では、意向の再確認を行っていなかった。後で知ったことだが、夫も高齢になったということで、トキさんの身元引受人が三カ月前に長男に代わっていた。そしてそれは、書面上の記載変更に終わり医務室の看護師に伝えられていなかったのだ。

　そもそも身元引受人の変更により、利用者の生死が左右されてよいことにはならない。親族全員が合意の上で、本人に代わって意向表明するものでなければならないからだ。したがって、意向確認書を受け取る際には、その旨をしっかり確認しておく必要があるのだ。トキさんの夫には、長男からトキさんが入院になることを伝えるということで、トキさんは入院することになった。

果たして、トキさんは入院後五日目に「脳梗塞」のために死亡した。このことを長男はどう受け止めているかは私にはわからない。

もし仮に、あの時長男に出くわしておらずトキさんの現状を伝えていなければ、トキさんは入院に至ってはいなかっただろう。この時ばかりは、家族に詳細を伝えることがベストなのかでずいぶん悩んだ。いずれにしろ、意向確認書を受け取る際には、親族全員合意しているか、そして年に一度は意向に変わりはないかの確認を取る必要があるということだ。

第三章

医療に関する意向

医療や福祉の現場において、意向を尋ねられることは少なくない。「抗がん剤治療を受けるか否か」「手術をするか否か」「積極的治療を受けるか否か」等生命に関わる選択は多岐にわたる。このような場合、前章でも触れたがどれだけの選択肢があるか、また説明の過不足が、その選択に影響を与えるものである。

意向について考える際、とても重要なことがある。人は誰しも他者から命を脅《おびや》かされてはならない、つまり個人としての尊厳を守られる権利を有しているということである。このことは自明ではあるが、果たしてこれが全ての人に適用できるかと言えば、否である。意向を表明する際、判断能力が欠如している場合がまさにそれである。認知症によるもの、脳卒中の後遺症によるものなど原因はさまざまであるが、自分の考えや意思を表出できない人の場合は、自己で決定することは不可能となる。そのような人が、医療に関する意向を迫られた際、いったい誰がそれを担えばよいのであろうか。

日本においては、本人の意向が表明できない時の決定権を誰もが持てないという非常に曖昧《あいまい》な現状がある。したがって、近親者（子どもや配偶者等）が本人の代弁者となることが多いが、単身の場合は困った事態になる。成年後見制度の導入後、後見人が選出されることがあるが、この後見人とて医療に関する決定権を持たない。

久美子さんの例を挙げる。八十五歳の久美子さんは、脳梗塞の後遺症で右半身麻痺と言語障害があった。そのために人と交わることを好まず自室に籠《こも》ることが多いため、私は出来るだけ久美子さんと接触を持つようにした。たどたどしいながらも久美子さんの言っていることがわかるのに半年を要した。そして、久美子さん自らの口から、延命は全く望まず全て施設で対応してほしいとうかがえたのは、久美子さんと関わりだしてから優に一〇カ月が経っていた。この頃には、久美子さんのほうから、ニコニコと挨拶をしてくれるようになっていた。ところが、久美子さんからの意向表明があってから、約三カ月後に再梗塞を起こしたのだ。今回は全く喋れなくなった上に、寝たきり状態と化し食べる量も激減した。

久美子さんの身元引受人は姪《めい》であった。そして、その姪に久美子さんの状態や今後の予測を伝えたく、施設に出向いていただいた。姪の意向も久美子さん同様、施設に全てを委ねるというものであった。今までは年に一度の面会であったにもかかわらず、この時を境に頻繁に来てくれるようになった。とは言っても顔を見るだけですぐに帰っていったのだが。

ある日、姪から面談を申し込まれた。私たち職員は、この面談を終えるまでは、姪を好意的に受け止めていたのだが、それが誤解であることがこの時に判明した。

「叔母には私一人しか近親者はいません。ですから叔母のことは私が責任を持ちます。今回このような状態になった時点で、叔母の持ち家の処分をしました。と言っても田舎のことなのでほとんどお金にはなりませんでしたが。今後、葬式やら何やかやで結構お金もかかりますし、全て私が段取りをしなくてはなりません。あとどれくらい生きますか？」という質問であった。「久美子さんは生涯独身で、コツコツ働き相当なたくわえがあると聞いてますが……」と返すと、

「ええまあ……。叔母は○○宗教の幹部だったので、過去に相当寄付をしています。そんなところに寄付するなんて本当にばかげていますよね」と言うので、私はすかさず、

「でもね、久美子さんの場合、それが生きがいになっていたようですから、寄付は恩返しだったのではないでしょうか」と答えると、

「まあ……。あとどれくらい持ちますか？」と同じ質問をよこしたので、

「人の命はわかりません。神のみぞ知ると申し上げておきましょう」と答え面談を打ち切った。

その後、姪は毎日久美子さんが生きているかの確認だけに来てそそくさと帰っていった。

先述したが、久美子さんは役所で定年までまじめに働いた。また、蓄えたお金の一部を寄付したことは事実だが、それでもまだ数千万円という多額なお金が残っている。それにもかかわらず、姪は寄付したお金を惜しんでいる。呆れたものだ。久美子さんは、施設生活を約十数年送っており、久美子さんの死亡後、少額でも施設に寄付していただけないかと理事長が姪にお

願いしたらしいが、あっさり断られたそうだ。久美子さん自身から医療に関する意向をうかがっていたので、私たちはその意向に沿うように行動を取ったが、仮にそうでなかった場合、姪のみの意向に沿うことになろう。

このように第三者による意向表明の場合、心しておかねばならないことは、対象者にとって最善であり不利益とならないかということである。自分（たち）のエゴのための意向であってはならないということだ。このことは、倫理的にも非常に難しく重い課題ではあるが、だからこそ人の生命に携わる人たちは、十分自戒《じかい》しておくべきことである。

これこそまさに自己決定

「今日は本当に良かった、良かった。胸のつかえが取れました。ありがとう、ありがとう……」

そう言ったのは、九十歳になるスエコさんであった。スエコさんの言葉の意味を知るには、面談状況を逐一記さねばならない。

利用者の入居に当たり、「急変時の意向確認」を全ての利用者家族に行っているが、スエコさんはそのことを知ると、自分もそこに加わることを望んだ。そこで、身元引受人であるスエコさんの娘とスエコさん、それに看護師一名と私とで面談を行うことになった。スエコさんは年齢こそ高いが、十分な理解能力が備わっており、会話には全く不自由しなかった。ただ少し耳が遠いので、ゆっくり大きな声で喋る必要はあったが。こうして面談が始まった。

私はスエコさんに覚えている範囲でいいので、今までに罹った病気を教えてほしいと言った。スエコさんは頷き、話し始めた。以下は、スエコさんとの会話である。

「四十歳の頃に、眠れない、食べられないという状態になりました」と言うスエコさんに、「そう……、それで原因は？」と尋ねた。

「はい、原因は弟のことで……。別にこれといったことはないのですが、私は自分のことのように思えて悩むわけですよ」

「うん、わかった。それで次に罹った病気は？」と先を促した。

「五十二歳の時三叉《さんさ》神経痛になりまして」

「そう、痛かったでしょう。何か相当疲れるようなことがあったのですか？」と質問する私にスエコさんは、

「えっ、あなたどうしてそれがわかるの？　よくご存じですねえ。それはもう痛くて痛くて。母を見送るまで一年ほど看病し、やっと見送った直後に……。まあ痛いのなんのって……。あなた本当に偉い人だわ。一体誰なの？」と、いたく感動されるのであった。

「ありがとう。では次に行きましょうか」と先を促したが、先ほどの話の続きを語ろうとする

スエコさんに、娘が側から、「お母さん、六十三歳の時に高血圧になったでしょう」と語りかけてくれた。

「はいはい、六十三歳の時にふらふらになり診てもらったら、それはもう血圧が高いということで、すぐに薬を出されましたよ。それから今までずっと飲み続けているわよ」

「そうですね。その次は」

「八十歳の時に、腰の骨折……なんて言ったっけ?」と、娘に救いを求めた。

「圧迫骨折よ」と、娘の答えを待って、「何か原因は?」と私は質問した。

「草むしりをしていて立とうと思うのに立てなかったと記憶しています」と、スエコさんに代わり娘が答えてくれた。

「そうですか。この場合は、手術も出来ないし安静にして自然に治るのを待つしかありませんからねえ」と答える私に、またもやスエコさんは、

「本当に何でもよく知っている。そうですよ、痛いし動きづらいし……。その時は本当に困りましたよ」と辛そうな顔で言った。

「はい、では次に行きましょう」と先を促した。

「八十五歳の時に、この指の付け根が膨らんできて痛くて痛くて……。何という病気だった?」と、スエコさんは娘に助けを求めた。

「偽通風ですよ」と娘が答えた。

「ああ、足の指ではなくて手の指だったのですね。足の指の付け根が多いのですが」私がそう言うと、

「医者もそう言ってました。この指とこの指が腫《は》れ上がってね」と、スエコさんはジェスチャーを交えて答えてくれた。私は「偽通風」の説明をさらりとして、次に罹った疾患を尋ねると、

「八十八歳の時にね、体がしんどくて……。でも、年のせいだろうとずっとそう思ってました。血圧を見てもらっている先生の所に行く日が来て、そこで心電図を撮ったの。そしたらすぐに入院しなさいということで、〇〇病院に入院する羽目になったわけ。心臓がすごく悪かったらしいの」とスエコさんが答えるのを受けて娘が「心房細動でした」と補足した。

「わかりました。胸がなんとなく気持ちが悪いというような感じだったのかなあ」と、スエコさんに話を向けると、

「あなた、本当に私のことよくわかるのねえ、その通りよ」と返してくれたので、

「スエコさんのことなら何でもお見通しよ」と冗談を飛ばすと、スエコさんは私の手を握り、

「安心した、安心した。私のことをわかってくれる人に出会えて安心した。あなたに会えて良かった」と、心底嬉しそうにニコニコしている。

「さて、記録によれば八十九歳の時に手首を骨折しているとありますが、転んだ時に手を突いたのかな。そして、ここまでギプスをはめたんじゃありませんか」と、肘関節を指して尋ねると、

「どうしてそこまでわかるの。畳に手を突いただけなのにねえ。あの時は不自由しましたよ」

そして、「今でも少し動きづらいし、感覚が鈍いの。これって治るの？」とスエコさんが聞いてきたので、

「残念だけど無理かも……。でも、持ち死にすればいいじゃありませんか。あと何十年生きるわけでもないでしょうから」と冗談を飛ばすと、

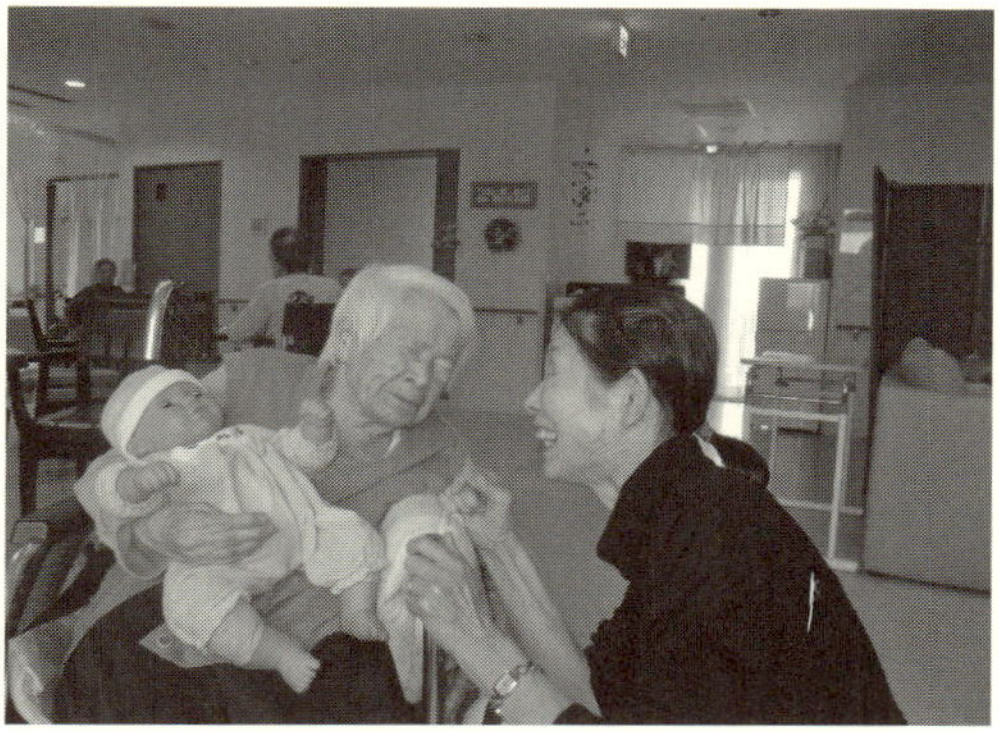

日々の寄り添いが元気の源

「なかなか良いことを言う。じゃあそうします」とさらりと答え、

「これが最後。八十九歳の時、つまり去年『肺炎』になって入院し、それが治ってから老健に入ったの。でもそこでは全く食欲がなくて食べなかったから、また強制的に入院させられたのよ。それからその病院を退院すると同時にここへ来たわけ。これでおしまい」

「すごいよね。九十歳にして、これほどきちんと覚えていてしっかり答えられる人は滅多《めった》にいないと思うわ。少なくとも私はまだお目にかかったことないわ。全くすごいわ」と、感動して言った。

娘は、「今でも母は、国会中継を見るのが楽しみな

んですよ。そしてその感想まで言う人なんです」と教えてくれた。

「ところで、本題に入ります。スエコさん、これから私が話すことをよく聞いてね。これほどたくさんの病気をし、これからも病気に罹ることがきっとあると思うの。たとえば『肺炎』なんかは、高齢者が罹りやすい病気だし、スエコさんは今でも心臓は元気じゃないでしょう。だから、何かしら病気になった時にどうしたいのかを決めてほしいの。つまり今までのように入院して、検査や治療を受けるのか、あるいはこの施設で出来る範囲のことをやり入院を避けるのか。もちろん、施設でも点滴なんかは出来ますよ。ただ施設だと病院のように詳しい検査も出来なければ治療といっても限界があります」と私がそこまで言うと、

「よく聞いてくれました。今までに一度もそのようなことを聞いてくれたことがないのよ。初めてよ、あなたが。初めて。もうこんな年だから、入院なんて全く望んでいないの。ここで出来ることをやってくれればいい。ただ、痛みや苦しいことだけは助けてくださいね」と、待ってましたとばかりしっかりした回答が返った。そしてこうも付け加えた。

「昨年入院した時、寝る前に安定剤を飲むように言われたので、私は半錠《じょう》でよいと言ったの。そしたらね、一錠飲まないといけません、医師が出した薬ですからと言うの。おかしいでしょ。当の私が半分で大丈夫だからと言ってるのに」と、憤慨している。

「そうね、スエコさんの言う通りよ。スエコさんの『死に水』は私たちが取ることにするから安心して」と思ったことを言うと、

「ありがとう。ありがとう。安心した。心が通じ合える人に会えて本当に嬉しい」と、手放しで喜んでくれた。娘は、
「母にゆっくり話を聞いてくれ、それから母自身が決めるという方法を、今まで誰も取ってくれたことはありませんでした。だから母はとても嬉しいのだと思いますし、私も母から直接意思を聞けてよかったです」と、親子で賛辞してくれたのであった。

この後、「意向確認書」の書面を提示し、そこにチェックを入れたり記入したりする作業に入ったが、全てスエコさんが自身で行った。そして最後に自署をして面談は終了した。

日本には「死」を忌《い》み嫌《きら》う文化がある。病院には四階がなかったり病室の表示に「四」という文字を避けたりするのも、その流れを汲《く》んだものであろう。そして、日常においても「死」についての会話はタブー視されてきたきらいがある。

平成十五年頃、高齢者を対象にした研修の講師を務めたことがある。テーマは確か「高齢者の生き方」だったと記憶する。その時主催団体の会長から、「死という言葉やそれを連想するような話題は避けてほしい」と依頼されたことを覚えている。

ところが、ここ数年前から「延命治療」の是非や「死」にまつわる話題がメディアでも取《と》り沙汰《ざた》されるようになってきた。とはいうものの、福祉の現場で働く私たちが、日常「死」について語ったり、利用者との会話において「死」を扱っているかといえば、決してそうではない。

それどころか、あえて避けようとしているのが現状である。「まだまだ元気よ、頑張って百まで生きましょうよ」とか「そんな弱音を吐かないで一緒に頑張ろうよ」とか「子ども（孫）さんのためにも長生きしましょうよ」等と「生きる」という希望を与え、それに向かって頑張るように叱咤《しった》激励する。そこには「死」に近づいているという現実が覆《おお》い隠されてしまっている。しかし、高齢者を対象とする私たちは、一日一日「死」に近づいている現実に目をつぶってはいけないし、それを直視しないといけないのだ。

人はある程度の年齢になると「死」を意識するようになると言われている。そしてそれを語ろうとする。「私もう駄目かもしれない」とか「あと何年生きられるのかしら」とか「もう年だから」等。でも誰もそれに耳を傾けてくれようとしない。それどころか「まだまだ大丈夫」とか「子どもさん（孫）も応援してくれてるでしょ」とか「生きてくれているだけで十分よ」などの返事をするのが関の山だ。これじゃあ「死」について話したいと思っていても、話が閉ざされてしまう。スエコさんの「安心した。心が通じ合える人に出会えた」という言葉がそれを物語っている。

看護師は、本人の意向にお構いなく「医師の指示ですから」と言うことが少なくない。しかし、体のことを最もわかっているのは当の本人である。私がスエコさんくらいの年齢で入院し、何らかの理由で「鎮痛消炎剤」の処方を受けたとする。「これを飲むと浮腫《むく》んでくるのです」

と私が言った時、「医師の指示ですから」と言って聞き入れてもらえなければ、必ずや腎機能が低下し重大な結果を生むことになるだろう（私は「鎮痛消炎剤」に対してアレルギーがある）。

高齢者だから、本人の言うことは大したことではないなどと考えている看護師がいるとすれば、医療職者としてどうだろう。たとえ高齢者であったとしても、拒否する権利も選び取る権利もあるはずだ。スエコさんは、週に一度実施していた骨を強くするという注射も内服薬も、面談後数日してから断ってきた。医師の指示にそむいたのだ。自分には必要ないと判断した上で、それを選択したのだ。

私はそれまで、利用者に判断力があろうとなかろうと、面談は家族のみで行ってきた。きっとそれは私の心に「高齢者だから」という思い込みと同時に、「生死に関わることを本人の耳に入れたくない」という想いが、横たわっていたからだと思う。けれど、たとえ家族であろうと、利用者の「生」「死」に関わる選択については他者でしかない。判断能力が少しでも残っている利用者には、自分の「生」「死」について考えて決定する権利・義務があるのだということを、改めてスエコさんに教えていただいたのである。

意向に内包される意味は千差万別

この日の面談は、「家族とは」「血縁とは」「きょうだいとは」を考えさせられる大変心の痛むものであった。八十五歳になるアキさんの特養入居に当たり、身元引受人である娘とお会いすることになった。アキさんは徳島県に在住し、娘と息子が結婚した後、夫と二人で暮らしていた。三年前に夫が他界した後、アキさんは一人暮らしを続けていたが、一年前に突然娘の住む神戸にやって来て、しかも、自分で契約したという娘の近くのケアハウス（六十歳以上の高齢者が、食事や洗濯などの介護サービスを受けられる施設）に入居したのであった。

現在のアキさんは、ごく軽度の認知症状を認めるが会話は十分可能であった。自分の意思もはっきり表明でき、これといった疾患を持っていなかった。娘によれば、ケアハウスに入居してしばらく経った頃、幻視が現れたために詳しく脳の検査を受けたが、特段脳の変化を認めなかったらしい。その後、ケアハウスでの生活を続けていたが、「寂しい」が口癖で面会に行った娘が帰ろうとすると、何やかやと言いがかりをつけて引き留めにかかった。ところが、このたび特養入所となってからのアキさんは、人が違ったように笑顔が増え、娘が帰る段になっても平気で、それどころか別れの挨拶まで可能となったと言う。周りをたくさんの人に囲まれ、寂しさが解消されたのだと娘は考えているようだ。

「急変時における意向確認」に当たり、これから先、アキさんに予想される病気や特に高齢者は「肺炎」に罹りやすいというリスクがあること、また入院した場合のメリット・デメリット、そして延命などについての詳しい説明を行った。

「このことについては、母とじっくり相談して決めたいと思います。徳島から出て神戸に来ることもケアハウスに入居することも母が自身で決めたことです。ですから、母の想いを尊重しないといけないと思っています」と娘が答えた。

「全くおっしゃる通りです。現在のお母様は自分できちんと判断できるでしょうから。ところで、あなたに弟さんがおられるようですが、その方もあなたの考えと同じだと受け取ってもよろしいのでしょうか？　でなければ、お母様に万が一のことがあった場合、姉弟間でもめたり、あるいは施設が誹謗中傷を受けるような事態にもなりかねませんから」と私が聞いた。

「……そうですね。母が徳島を出たのは……、弟のせいなんです」と、予想もしなかった答えが返ってきた。「弟夫婦に母が精神的に追い詰められたといってもいいかもしれません」

いったんそこで話を切ったので、「お母様は、弟さんと同居されていたのですか？」と尋ねた。

「いえ、同じ徳島に住んでいました。父が亡くなってから、弟とその妻に金銭的なことで……母は、ずいぶん精神的に参っているようでした」と、少しずつ内部事情を語りだした。

「ああ、大変だったのですね」と、私は相槌《あいづち》を打った。

「父の法事の時のことです。母から連絡をもらった私は当然徳島に参りました。ところが……、弟たちは『家には入るな。帰れ』と言って私を追い出してしまったのです。いえ、私だけではありません。集まってくれた親戚の人たち全員を追い返していたのです。以後、私ももちろん親戚も弟夫婦とは関わりを持っていません。……その後、母はずいぶんと心を痛めていたようです。ケアハウスに入居してから一度入院したのですが、その時も母は『弟には決して知らせるな』と言いました。たぶん現在もその気持ちは変わっていないと思います」

「あら、それじゃあ、お母様がお亡くなりになられた時だけ知らせることになるのかしら?」と私は疑問を向けた。

「そのことで私もずいぶん悩みましたし、今もそうです。弟の仕打ちが……怖いのです」との返事。

「そうですねえ、そのことは今のうちにきちんとしないと。いずれ弟さんと向き合わねばならない時が来ますからね」と私は余計とも思われることを口走った。

「そうなんです……。でも……どうすれば……。いつもここで思考がストップしてしまって」

「お母様に『弟に知らせるのはどんな時か』を決めてもらってはいかがでしょう。そして、仮にそれが『死んだ時』であれば、自筆でその旨書き残してもらっておくというのも、一つの手段ではないでしょうか」

「そうですね。いずれ対決しないといけないことですものね」そう言って、娘はこらえ切れずに涙をぬぐった。よほど辛い不安な気持ちを溜め込んでいたのであろう。

「気持ちがうんと楽になりました。聞いていただいて本当に楽になりました。母は弟をずっと可愛がっていましたので、その母の気持ちを思うと……、私にしても弟のことはなにかと可愛がっていたのですが……」

　私は、いつでも相談に乗るからと言って面談を終えた。時間は優に二時間を経過していた。

「意向確認書」の書面では同じ「意向」であったとしても、そこに包含《ほうがん》されている内容は、それぞれの家族で全く異なる。例えば、A家族とB家族ともに積極的治療を望み、人工呼吸器の装着までをも希望するという「意向確認書」になっていたとする。この場合、A家族は親の死を受け入れられずに、一分一秒でもこの世に生を繋ぎとめておきたいという思いの表現であり、B家族の場合、親の年金により自分たちの生活を補っているという理由からのものであれば、「意向」は同じであるが、そこに含まれる意図・内容は全く異なったものとなる。

　誤解しないでいただきたいのだが、私はその内容を議論するつもりは毛頭ない。そこに含まれる意図により、家族に対する私たち職員の対応が異なってくる。いや、対応を変えねばならないということを言いたいのだ。

　先の例で言えば、A家族には、利用者の体調に少しでも変化があればこと細かく報告すべきであるが、B家族に対して同じような対応をすれば、うっとうしがられるのがおちだ。

　しかしながら、この意向確認のプロセスを施設職員が重要視しているかといえば、あながちそうとはいえない。その証拠に、私が面談に関わるまでは、この施設では書類だけ手渡して記入したものを受け取るという作業しかしていなかったからだ。それだからこそ、利用者の健康上の問題に対しての対処法において、職員と家族間でのトラブルが起きやすかったと思うのだ。

親をめぐる兄弟間のいさかいを今までに数多く見聞きしている。過去に以下のような体験をした。

兄と妹が同隣保《りんぽ》に居を構え、それぞれ家庭を持っていた。親が健在の時には妹も実家に立ち寄ったりして親交を深めていたらしい。しかし、父親が亡くなり、母親が脳梗塞を起こして認知症を患ってしまった。当初母親は長男と同居していたが、介護の限界で母親は特養入居となった。

長男は、「妹は両親に十分すぎるくらい援助をしてもらっている。現在住んでいる家にしても親に建ててもらったものだ。そして両親の面倒はずっと私たち夫婦が見てきている。母親が認知症で介護が必要になっても、妹はといえば、何一つ世話をしていない。だから母親に対してとやかく言う筋合いはない。母に関しての全ては私が決定するから、妹には母に関することは一切話さないでほしい」と、初回面談から息巻いていた。そして長男の面会は夕方で、妹は朝というように、決して顔を合わせることはなかった。この家族の場合は、兄妹間の対立だけで施設側が迷惑を被ることはなかったが、その対立により、施設が巻き込まれることもそれほど多くはないがあることも事実だ。以下の場合は、まさにそれに当たる。

もう一〇年以上前のことになる。身元引受人である長男との面談において、利用者に対する急変時や看取りに関する意向確認を行ったところ、入院は全く望まず医療に関しては全て施設内での対応を希望し、看取りも施設で願いたいというものであった。したがって私たちは、長男の意向に沿って行動をした。その利用者が「肺炎」に罹患《りかん》した際、「抗生剤」を医師からもらい受け施設内で対処した。こうして一応「肺炎」は治ったが、それを機に体力が一気に低下し、徐々に老衰へと移行していき、お亡くなりになったのである。

長男は、職員の対応をつぶさに見ていたのでとても感謝してくれたのだったが、一度も面会に来たことにない弟が「なぜ入院させて治療を受けさせなかったのか」と、私たちに食って掛かってきたのだった。後で知ったことだが、兄弟間の交流がなく、弟は親が施設に入居していることすら知らなかったらしい。このように、兄弟間の揉め事や対立の矛先を職員や施設に向けることは筋違いというものだ。が、時として行き場のない感情や怒りを私たちにぶつける人もいるのだ。

私が意向確認をする際は、親族（兄弟等）での意向の統一を必ずお願いすることにしているのは、このような理由によるものだ。

意向を貫徹する勇気

ある日の夕方、ふみ子さんが三九度の熱を出した。同時に酸素飽和度《ほうわ》（血中のヘモグロビンにおける酸素の飽和度）の値も低いため受診したところ、軽度の「肺炎」という診断が下された。ところが、その病院は満床のため家族が希望すれば入院可能な別の病院を紹介するとのことであった。本来なら利用者の受診の際には、家族も同伴していただくのだが、ふみ子さんの家族は遠方なので自宅待機をしてもらっていた。

ふみ子さんの家族とは約二カ月前に、「急変時の意向確認」の面談を実施していた。家族は「施設内での対応で入院は避けてほしい」という意向を示していた。

受診に付き添った介護員の機転で、直接医師から家族に説明をしてほしいと依頼したらしい。そして、医師が説明しているまさにその時、ふみ子さんに異常事態が発生した。意識混迷・血圧測定不可・酸素飽和度六〇パーセント。ショック状態である。急遽、入院先を確保しふみ子さんは、緊急入院となった。

重度の認知症であるふみ子さんとの関わりは、会話のない無言の世界での生活援助であった。嚥下障害と開口障害が著しく、まず食べ物を口に入れるのが困難を極めた。やっと口に入れたとしても、今度は嚥下に時間を要した。私も介助に入ったことがあるが相当困惑し、ベテランの介護員に交代してもらったことがある。ふみ子さんは認知症で言葉を発しないが、人の識別が出来るのだろうか、ベテランの介護員に交代すると比較的スムーズに食すことが出来た。「こつですよ。食物を口に入れるタイミングを図っているだけ」と、その介護員は事もなげに言う。

ふみ子さんの入院三日後に、家族に連絡を取った。

「『肺炎』の治療のために当初は絶食になると思いますが、それが治った時点で食事が開始されます。ですが、ふみ子さんの場合、食事介助がとても困難です。ふみ子さんの特徴をよく知っている介護員であるからこそ、施設では対応できていました。しかし、病院ではせっかく食事を開始できたとしてもなかなか対応しづらいと考えます。だから、たぶん『胃ろう』を勧められることになると思います」と、そこまで説明すると身元引受人である娘から、

「私としては『胃ろう』は望んでいませんが、それを勧められた時には断ってもいいのですか？」という質問が来た。

「それはもちろん構いません。ですが、入院期間が長引けば長引くほど、筋力や嚥下機能も低下します。その状態で施設に戻られたとしても、以前の状態にまで復活できるかどうかは未知数です。また、仮に全く何も摂れない状態が続けば、場合によっては命を落とすことになりかねません。したがって、ご家族の決断が要ります。施設に戻るのを希望されるなら、『肺炎』が治った時点で出来るだけ早く戻してあげましょう。施設には慣れた介護員がたくさんいますから」と言うと、「明日にでも伝えます」と礼を言って話は終わった。

一週間経過した頃ふみ子さんの入院している病棟に電話を入れ、ふみ子さんの状態を教えて

くれるように頼んだ。対応した看護師は家族でなければ教えられないと言いながらも、以下のように語ってくれた。

「今日、嚥下評価をSTに……あっ、言語聴覚士（言語能力や聴覚能力などを回復させるリハビリを行う専門職）のことですが、受ける予定です。その結果で、食事が可能かどうか決定します。点滴は、『抗生剤』と『補液』を使用しています。明後日の採血結果を待って、『抗生剤』の有無が決まるはずです。まだ三七度台の微熱が続いていますし」とのことであった。検査の数値を聞きたいところであったが控えた。会話の中で「CRP、つまり炎症反応もまだ少し高い……」という言葉があり数値を言葉にしなかったため、たぶん聞いても教えてくれないだろうと判断したからだ。このような人に尋ねたとしても「教えられません」と言われるに決まっている。それにも増して、ST・CRPを私たちが理解できないだろうと思い、わざわざ「言語聴覚士」「炎症反応」と言い直したくらいだからだ。何より、家族以外には教えないという冒頭の言葉も私を縛《しば》っていた。

娘に連絡を入れ、看護師から聞いたことを伝えた。

「先日の件を医師に伝えようと思っているのですが、なかなかお会いできなくて……。どうしたらいいのでしょう」と聞いてきた。

「『肺炎』のほうはもうすぐ治ると思いますよ。ですから施設に戻ることを希望されるなら急いだほうが良いと思います。医師でなくても病棟の師長や主任に話してみたらいかがでしょう」

「明日にでも言いに行きます。早く施設に帰してやりたいと思いますので」

それから一週間後、娘から施設に電話があり、「胃ろう」を造ることに決めたという。医師から「胃ろう」を勧められ、ちゃんと管理してくれる施設があるから、そこに行くのはどうかという打診があったそうだ。もし「胃ろう」を装着しなければ「肺炎」の繰り返しになるだろうから、そういう意味でも「胃ろう」を造るべきだとも言われたという。こうして、ふみ子さんと施設の縁が切れることになった。

ごく軽い肺炎で、ショック症状が起きるとはまず考えにくい。その時の状況を付き添った介護員に尋ねたところ、ふみ子さんが病院に着いたときにも熱は三九度と高く、座薬（解熱鎮痛薬）を使ったらしい。それを聞いて謎《なぞ》は解けた。たぶんその座薬は「ボルタレン」だったのだろう。過去に以下のような経験がある。

嘱託医からは、夜間の発熱時には「ボルタレン座薬二五ミリグラム」使用の許可を得ていた。非常に体格の良い男性であったが、高熱を出したためにそれを使用した。使用前の最高血圧は一一〇ｍｍＨｇだったが、三〇分後には八〇ｍｍＨｇに下降した。しかし、この日は特段の変化も認めなかった。ところが、翌日も深夜に高熱が出たために前日と同様の対処をしたところ、意識不明・血圧測定不可というショック症状に陥った。そこで救急搬送し入院となったのだが、その後一年間その利用者は意識不明の状態が続いた。「昇圧剤」の使用を続けなければ血圧が下がるので中止するわけにもいかず、経口摂取どころか微動だに出来ず植物状態と化したのだった。結局一年間も生かされた末に亡くなったのである。このように「薬」というものは、思わぬところに「落とし穴」があるということを常に心に留めておきたい。

今から一八年前、私が初めて特養に就職した頃は、施設の看護師は社会からも病院の同業の看護師からでさえも見下されていた感がある。特養の看護師の歴史を顧みれば無理からぬところもあるが、非常に悔しい思いをしたことが少なくない。高齢者が増え、介護という仕事が重要視されるようになった昨今、特養の看護師も重宝されるようになってきた。しかし、病院の看護師と特養の看護師が対等に扱われているかと言えばあながちそうとは言えない。ふみ子さんの病棟看護師の言葉が、明らかにそれを物語っている。観察力・判断力・決断力を問われるのは、俄然《がぜん》施設看護師であるにもかかわらずだ。今こそ特養看護師は、もっと自分たちの仕事に誇りを持ち、社会にアピールしていく時期であると痛感している。

利用者の家族や一般の人々は、医師の言葉になかなかノーと言えない現実がある。医師の常《じょう》套句《とうく》である「〇〇しなければ見殺しになりますよ」に対して、「それでも……」と抗《あらが》える人は決して多くはない。ふみ子さんの娘にしても、あれほど「入院させたくない」「施設で最期を」「無理に生かすようなことはしたくない」と固い意思を持っていたにもかかわらず、それを翻した。最終的には家族の意向に従うしかないが、私はそのような時とても無力感を味わう。

ふみ子さんの特徴を病院の誰が知っているのか。そして根気よく誰が食事介助をしてくれるのか。そういう意味においては、特養の職員にかなう者はいない。

私が、特養に勤めだし、現在に至るまでの十数年の間に、医師から「胃ろう」しか方法はないと言われた人を、経口摂取できるまでに変化させた事例は少なくない。それには、とてつもない忍耐と努力が必要なのだが。そして何より家族の決断が、私たちを信頼し利用者を預けてくれる決断こそが、私たちに重責を負わせそれに報いるべく行動に駆り立てるのだと思う。高齢者が増え続けるこの先、全ての人が「延命」について真剣に考えるべき時代が来ているのだ。

矛盾と葛藤

フサさんが在宅からロングショートの形態で入居された。在宅での介護の限界が来ると共に、フサさん本人からの要望による入居であった。本来なら入居前に情報をいただき、その利用者は特養の対象であるかどうか、すなわち医療依存度のあまり高くない人かどうかを看護師が判断するのだが、フサさんの場合その手順を踏まずして入居に至った。その主な理由は、立て続けに亡くなる人が出たためロングショートの空床が一気に増え、部屋を空床のままにすることは施設にとって大きな不利益を生むという施設側の事情もあった。したがって、出来るだけ早い時期に空いた部屋を埋めなければならない。フサさんの場合は、まさにそれだ。入居と同時に届いた情報提供書の内容に加え、フサさんを見た看護師全員が絶句した。

フサさんの両下肢はマヒ状態で浮腫《むくみ》が著しく、しかも浮腫は下肢ばかりではなく全身にまで及んでいた。ここまでひどい浮腫は一体何が原因なんだろうか。添付された血液検査の数値Hb（ヘモグロビン：赤血球の中に含まれ、酸素を運搬する働きをする）7・2、Alb（アルブミン：血液中のタンパク質の主成分で、血液中の水分を一定にする働きをする）2・6という著しい「貧血」を示唆《しさ》していた。フサさんは、鉄剤を服用していたが、とても効果があるようには思えなかった。また、ネプスという腎性貧血に対する皮下注射をしていたが、これについても同様である。このような人をはたしてロングショートで引き受けても良いものだろうか。看護師全員不安を持ったのは、こうした理由からだった。

そこで、嘱託医の勤務する病院でフサさんを診てもらい、その上で同伴している家族を交えて今後の方針を相談することにした。医師は、早速血液検査を実施してくれた。その結果は、Hb6・5、Alb2・1という数値で、たった一週間の間にそれらは一段と悪化していた。医師は娘に「輸血の対象であるが、仮にそれをしない場合は、施設での『看取り』になるだろう。また貧血の原因を究明しようとすれば、入院して検査をしなければならなくなるがどうするか」と尋ねた。それに対して娘は、輸血も検査も希望せずに、結局フサさんは今のまま施設で様子を見ていくことになった。

施設では、本入所の人たち（特養に本格的に入居している人）においては、本人あるいは家族の希望により、施設内で点滴等ある程度の医療行為を行ったり、看取りまで実施するが、ショートやロングショートの利用者においては、在宅扱いなので施設での医療的対処や看取りは行わないことになっている。したがって、これほど重篤《じゅうとく》な症状のフサさんにおいては、看取りまで可能な本入所に変更する手段はないか相談員と検討した。そこで、相談員は現在一床ある本入所用の空室にすでに入所が決定していた利用者家族に事情を話し、入所の順番を譲っていただく方法を取り、了解をいただくことが出来た。こうしてフサさんはロングショートから本入所となった。そこで、翌日フサさんの娘と面談し「意向確認」をする手はずを整えた。

私は娘に、「フサさんの貧血は相当ひどいが、その治療薬もあまり効いていません。したがって考えられることは、骨髄《こつずい》の機能に問題があるのかもしれないということです。もしそうであるならば、この先ますます貧血が進行してくることが予想されます」と説明した。すると娘は、

「母の弟が三十歳の頃、貧血が強く感染症のために亡くなりました。また、昨年甥《おい》が確か血液の病気の再生……なんとかという病気（たぶん再生不良性貧血であろう）になり、現在も治療を受けています。これって遺伝するのですかね？」と、聞いてきた。

「わかりませんが、体質が似ているのかもしれませんね」

そう答え、急変時における「意向確認書」を示し、一項目ごとに詳細な説明を加えていった。

娘は、最期は施設での看取りを希望した。次いで、胃ろうを造ることなく口から食べられるものだけでよいとしながら、なんと人工呼吸器の装着を希望したのだ。そしてまたあらゆる治療を試みるための入院加療を希望したのであった。

私は、「人工呼吸器」の詳しい説明は行ったし、入院加療のメリットとデメリットの説明をした結果の選択だった。

「人工呼吸器を選ばれるということは、あらゆる検査・治療をして生命を維持することに重点を置いているのですよ。それならば、胃ろうもその手段になりますし、あなたが断った輸血もそうですよ。生命維持に重点を置くならば、フサさんにとってまさに今、輸血をすべきと考えます」と、私は少し厳しい口調で言った。娘の選択は矛盾だらけで、いささか腹が立っていた。

「そうですか……。別にそれでも、医師が決めてくれればその通りにします」と返ってきた。

「なに言ってるんですか。娘であるあなたが、お母様の代弁者ですよ。ゆっくり考えてきてください。書類は後日提出してくださって結構ですから」と、話をここで打ち切った。

それから四~五日経った頃、相談員から「娘さんが相当迷っているらしいそうです。そして、医師に決めてほしいと言っているという連絡がケアマネージャーから入りました」という報告を持ってきた。

「そんなばかなことありますか。医師としては『このまま施設で看取れ』とも『徹底的に検査・治療をしましょう』とも言えるわけがない」

そう返事をして、もう一度娘との面談の調整をしてくれるように頼んだ。そして、面談までにある程度の意向を固めておくように付け加えた。

数日後、看護師から「褥瘡《じょくそう》」（床ずれ）を診てほしいと言われたので処置に行った。フサさんの場合、貧血・浮腫・低たんぱくと悪条件が揃いすぎている。さらに自分で寝返りが出来ないことも「褥瘡」発生の誘引になった。両下肢ははちきれんばかり浮腫み、いたる所に「褥瘡」ができ、内二カ所は相当深い。絶句してしまった。仙骨部の褥瘡においては、以前診た時とあまり変わらなかった。褥瘡の対応に、優に三〇分以上を要した。これ以上の褥瘡を増やさないことが、私たちの最優先課題であるし、現在ある褥瘡を悪化させないことも重要だ。

さて、この対応に行ったときに便が出ていた。「貧血」は消化管からの出血も十分考えられるために一応潜血反応を調べた。すると強度陽性の反応が出た。そのことを嘱託医に報告すると共に、今夕に娘と再面談を行い、意向を決定していただくつもりであることも伝えた。

夕方、約束通り娘が来た。

「フサさんは少し曖昧なところもありますが、先日『延命・治療』についての要望をお聞きしました。ご本人はあまり明確な意思を出されませんでしたが、別に治療を望んでいるわけでもないことがわかりました。ただ、お孫さんとひ孫さんをとても気にしてました。そしてお孫さんたちの話になると、とても良い表情になります。ところで、本日お越しいただいたのは、先日の面談でのあなたのご意向に矛盾が認められたからです。その後、ケアマネージャーに『医師の決定に従う』とおっしゃったそうですが、先日受診の際、医師から『輸血をしなければ施設での看取りになる』と説明を受け、あなたは輸血を断ったのでしたよね。あなたはフサさんの唯一の肉親です。あなたのご意向がフサさんの意向の代弁となります。それを医師に決定してくれというのは、あまりにも無責任すぎます。またそう言われ『はい、そうですか』と言う医師はいないと思いますよ」と一気にそこまで喋った。

私の話をじっと黙って聞いていた娘の目には涙が溜まっていた。

「母は、ひ孫が可愛くてたまらないようです。施設で全てをお任せします」とごく簡単に答え、「意向確認書」にチェックを入れてその場で仕上げた。

「医師にはそのように伝えますね。酸素吸入など必要な状態が来ましたら、その時はまた説明させていただきます。現在たくさんの『褥瘡』が出来ていますが、そこから感染を起こさないように十分気を付けますね」と、私は付け加えた。

〈この娘さんはとても感情表現が下手で、その上それを言葉にすることも苦手なんだ。一見無表情にも見えるが、結構葛藤《かっとう》していたんだ〉と、面談を終えてそう思った。

私は面談をしていて、フサさんの娘の真意を測りかねていた。迷いや葛藤がある場合、大概の人はいくつもの質問をしたり、私たちの意見を聞いたりあるいは他の利用者家族の対応を聞きたがったりするものだ。しかし、フサさんの娘の場合は、ほとんど質問もなく問われたことにだけごく簡単に答え、一切無駄のない会話といえばよいのだろうか、淡々と表情一つ変えずに答えるのであった。しかし、再面談を行った際は、以前同様に言葉数は少なかったが悩みや葛藤していたであろうことを、目に溜まった涙からうかがえた。それに、全ての決定を医師に委ねたいという言葉から推して、娘の不安や迷いから出たものであろうと思われる。

受診時、輸血や入院を断っておきながら意向確認の段になり、全ての治療を希望し人工呼吸器まで装着してほしいという正反対の意向になったのも、数日間掛けて出した答えだったのかもしれない。ただし、今、取り沙汰されている胃ろうに関しては断った。このときの私は、冷静さを欠いていた。わずか数日間でころころ変化する娘の真意が摑めず、出した結論の相違に目を奪われていたのだった。本来なら、なぜ数日間に意向が正反対にまで変化したのか尋ねていたであろうが、この時は自分の感情に左右されて打ち切ってしまったのだった。何の表情もない能面のような態度が、私をそうさせてしまったのだと思う。二度目の面談にしても然りだ。

面談者は、あくまでも自分の感情に左右されず、相手の態度に翻弄《ほんろう》されず、ひたすら相手の思いが表出できるように向き合わねばならない。なぜなら、そのひずみは必ず利用者に向かうからだ。今一度私はしっかり反省し、このことを心に留めておかねばならないと考える。

他の施設の利用者に再生不良性貧血で、さらに人工肛門まで装着している女性がいる。加えて、認知症状もあるために、何度パウチ（便を受ける袋）を貼りなおしても外されてしまい、私たちを悩ませた。しかし、今はそれから解放された。というのも、利用者にそんな元気がなくなりボーっと過ごす時間が多くなってきたからである。一年前の入居当時は、一カ月に一度輸血に通院し、比較的元気に過ごせていたのだが、徐々に輸血の回数が増え、今では輸血をしてきた日でも全く活気が戻らなくなっている。

この利用者は、娘との二人暮らしであった。娘が仕事に出かけた後は利用者一人になってしまうため、認知症状が重くなった母親を一人にしておけなくなり、施設入居に至ったという経緯がある。娘は休日には必ず面会に来て、母親と一日を共にしている。

今後のことで二度娘と面談をしたが、「いずれは母との別れが来ることはわかっています。また輸血にしても限界が来ることもわかっています。でも、一日でも母に生きていてほしいのです。ですから、可能な限りの治療をお願いしたいのです。これは私のわがままかもしれませんが」と、最後は泣きじゃくってしまうのである。人工肛門になったのは、便の管理を怠った自分のせいだと、常に自分を責めている。

骨髄の機能に問題のある「再生不良性貧血」においては、高齢者にとって輸血しか方法はない。しかし、それにもタイムリミットがある。したがって、その時が来るまでに気持ちの整理をつけておく必要がある。この娘の場合、何度面談を重ねても一歩も前に進まないのが実情だ。このような家族の場合、どのように対応してゆけばよいのか、これも私の大きな課題だ。

第四章 病院の内実

この章では、皆様が思い描いていた病院や施設との差異や、予想外のことに驚くかもしれない。病院とは治療の場であり、患者にとって益となる場であり、施設とは穏やかな生活を保障してくれる場であると思っている人たちがほとんどであろう。しかし、本来ならば患者や利用者中心にケアを行うべき場所が、病院内の人間関係や経営などの事情により、対象者がないがしろにされたならばどうだろう。そしてそのことが、内密で行われていたならば、患者や家族は知る由もない。

ところで、医療の進歩は目まぐるしく、ある程度の延命も可能となり、まぎれもなく死をも引き延ばすことが不可能でなくなった。近年「健康寿命」が提唱され、その言葉通りに健康の維持・増進やアンチエイジング等、相当な年齢に達した人たちまでもが、自己の健康に関心を持つようになった。これはこれでよいことかもしれないが、行き過ぎた場合、つまり「死」と切り離してしまい、ただただ健康にだけ目を向けているとなると、「治療すべき」「回復すべき」「延命すべき」と、生命を引き延ばす手段しか目に入らなくなるかもしれないという危険性をはらんでいる。

近年「胃ろう」を拒否する人たちが増加している。無為《むい》な治療は望まないという人たちも漸《ぜん》増《ぞう》している。このことは、一分一秒でも現世に生を繋ぎとめることが最上の美徳という概念を覆し、残された日々を充実したものにしようというニーズの表れであろう。

そこで、疑問が生じる。

いったい、いつから無駄だと思う内服薬や治療を中止すればよいのか。いったい、いつから手術をしないと決断すればよいのか。「まだまだ八十歳だから抗がん剤治療を受けます」と答えを出すのか、「残された日々を自然体で生きます」と答えを出すのか。医療が進歩すればするほど、悩む機会も多くなるはずである。現代は、九十歳を超えても心臓の手術も可能な時代なのだ。

医療における選択や判断をどのようにしようと、本人や近親者の意向が反映されていれば、それはそれで納得できる。しかし、次のような場合どう考えるかだ。

糖尿病でしかも重度の認知症の人が、いよいよ終末期に入った。そこで看護師は医師に、利用者の状態を報告するとともに、内服薬の要否を相談する。だが、医師は一向に内服薬を中止しない。結果、その人は死ぬ直前まで難儀しながら薬を飲む羽目になる。これは私の体験談である。

つまり、本人の意向や、それが出来ない場合の近親者の意向が重視されず、医療に携わる者の価値観や倫理観いかんにより、治療や投薬の有無までもが左右されることもあるということを、市井の人たちも知っておくべきだと思うのである。

医師としてあるまじき態度

ナナミさんから食べ物を噛んだ時に右の歯が痛むという訴えがあった。右上顎《じょうがく》（上あご）の歯肉がカリフラワー状になっていた。歯科医の往診を依頼して診てもらったところ、「がん」かもしれないから、〇〇病院の口腔外科に行くようにと紹介状を渡された。

当日は、義理の息子（長女の夫）に付き添っていただき、歯科医から指定された病院に連れて行っていただいた。息子の話によれば、来週再診するように言われ、その時に詳しい説明をするというものであった。

次の週も息子に付き添っていただいたのだが、半日以上かかってやっと帰ってきた。その日の状況を息子が以下のように詳しく語ってくれた。

「まず教授から骨にまでがんが浸潤《しんじゅん》しているので、手術の適応とはならない。放射線療法と抗がん剤治療の方法があるが、どちらにしても延命目的であることに変わりはないと説明を受けました。義母の八十五歳という年齢を考えると、やはり何もしないほうが良いと判断しました。教授がおっしゃるには、このまま何もしなければ余命三カ月で、仮に治療をすれば六カ月は大丈夫だろうとのことでした。このことは、義母の耳に入れずにおこうと思いました。ところが、私と義母が待合室にいるところに若い女医がやって来て『がんです。このまま何もしなければ三カ月の命でしょう。薬を飲んで治療した場合、それより長く生きられます。ただし、副作用が出るかもしれませんが、どうしますか？』と、義母に尋ねました。すると義母は、『薬を飲みます』と、答えたのです。義母は、がんと言われた瞬間に動転してしまい、後の説明をほとんど理解できていないと思います。薬を飲めばがんが治ると思い込んでいるに違いありません。医師には検討しますと答え、今日は帰ってきました。妻（ナナミさんの娘）もその妹も、以前から義母には延命治療はさせないでおこうと話し合っていました。全員、義母には自然な形で亡くなることを望んでるのです。ただ、痛みや苦しみが現れた場合はどうしたものかと思ったりしているのですが……」

そこで私は、「よくわかりました。抗がん剤治療をしても、治すことではなく延命にすぎなくなってしまうからこそ、むしろ副作用等の恐れもない自然な形の死を選択されたわけですね。そしてご心配の痛みに対してですが、麻薬を上手く使えば、痛みと格闘するというようなことにはならないはずです。ただ、腫瘍がどのような進行をしていくか予測できません。それによって現れる症状が異なってきます。開口障害が出ることもあれば、嚥下障害が現れることもあるでしょうから。しかし、仮にどんな症状が現れようとも、私たちが少しでも楽なように痛まないように、また苦しまなくていいようにケアを提供すればよいことだと考えます。何より一番の問題は、お義母様が治療を望んでいるということですよね。そこで、嘘をつくことにはな

ります が、整腸剤をがんに対する薬だということで、お義母様に服用していただくという方法を取ることが妥当だと思うのですが。何より、一度お義母様の本音を聞いてみましょう」と返した。

そこで、ナナミさんと息子、それに私の三人で話し合う場を持った。

「ナナミさん、今日お医者さんからなんて言われたの?」と、ナナミさんに尋ねた。ナナミさんは、何か考え込んでいるようでしばらく沈黙が続いた。そしてややあって、

「がん、がんと言われた」とボソッとつぶやいた。

「そう。それを聞いてナナミさんはどう思ったの?」と、再び尋ねた。

「怖い。怖い」と、繰り返すナナミさん。

「そうか、怖いのか。ナナミさんその怖いという意味は、死ぬのが怖いということ?」と問う。

「そう。死ぬのがうんと怖い」とナナミさんが答えた。

「そうだね。死んだらどうなるか誰も知らないから怖いよね」と、私は相槌を打った。

「この間、手術(細胞診検査)をしたからもう治ってるよ。痛くもないし」とナナミさんが答えた。

「わかった。それでナナミさんは、そのがんの薬を飲みたいんだよね」と確認した。

「うん」

「じゃあ、施設のお医者さんと相談してからになるけどいいかな」と尋ねる私に「うん」との

返事があった。

認知症を抱えるナナミさんは、数日のうちに「がん」であることを忘れる可能性もある。しかし、現時点においては「抗がん剤」を使用することを望んでいる。こんな場合は、たとえ嘘であってもやはりナナミさんの意思を尊重した態度を取り、安心感を与えるのが良策だと思う。

私は娘が来ずに義理の息子が来られたことに対して違和感があった。そこで、相談員にそのことを尋ねると、ナナミさんの長女は重い「うつ病」で治療を受けながら自宅療養中だという。それを聞いて「なるほど」と思った。というのも、面談中に同席していた施設ケアマネ（施設専属のケアマネージャー）が、「がんが重度化した場合、施設職員では手に余ることになるかも……」と言った時、息子は「この施設の『どなたも最期まで看取ります』という理念に賛同したから入居したのですよ」と厳しい口調になる場面があった。無論私は、ナナミさんがどのような状態になろうとも、施設で最期まで責任を持たなければならないと考えているので、ケアマネージャーの発言を否定し、この話はそれ以上進展せず、今後の対応という方向に話を切り替えた。面談の結論としては、施設が責任を持ってナナミさんの最期までお付き合いさせていただくということで合意した。

過去に以下のような体験をした。九十三歳のシナコさんは「リウマチ」により両手指の変形が著しかった。また軽い認知症も抱えていたし、頑固な性格でもあった。そのシナコさんに

「歯肉腫瘍」が見つかった。ナナミさんと同様に骨にまで浸潤し手術は不可能で化学療法も不適応と宣告され、成り行きに任せるしか方法はなかった。

腫瘍は徐々に徐々に増大し、三カ月後にはウズラ卵大に、六カ月後にはピンポン玉ほどの大きさに成長した。シナコさんの口の中は腫瘍で独占された。たとえて言えば、常にピンポン玉をくわえているような状態を想像してほしい。当然、食べ物が入りにくくなり、触れる箇所によっては大声を上げて痛みを訴えた。したがって、シナコさんの食事介助に際して、私たちは全神経を集中した。

そんなある日、口の周りを血だらけにしているシナコさんの姿を介護員が発見した。よく見ると、シナコさんの布団の上に五ミリ大の肉片が二〜三個転がっていたらしい。これは、口の中の腫瘍を利きにくい指を使ってもぎ取ったものだ。その時には、きっと壮絶な痛みを伴っていたはずだ。

この事件があってちょうど一週間が経とうとした頃、またもや事件が起きた。この頃のシナコさんの食事は、特殊な容器にミキサー食を入れ、口の中のわずかな隙間を探し出して流し込むという方法をとっていた。また、腫瘍があまりにも大きくなりすぎて声を奪われていた。そんな中、ある日の昼食時、テーブルを共にする利用者の食べ物をシナコさんがわしづかみにして、自分の口の中にねじ込もうとしたのだ。その早業《はやわざ》に目を見張った。しかし、腫瘍が邪魔《じゃま》をしてシナコさんの口の中には入らず、それどころかシナコさんの口の周りは吹き出す血と食べ物で悲惨を極めた。そして、こうなることはシナコさん自身わかっていたはずだ。しかし、この日の食事メニューは、シナコさんの大好物の散らし寿司であったために誘惑に負けたのだ。その後のシナコさんのことは割愛《かつあい》するが、このような体験をしている私にとって、ナナミさんの今後を想像すると気が滅入《めい》る。しかし、それでも医療職者として、出来る限りのことをしなければならない義務があると思うのだ。

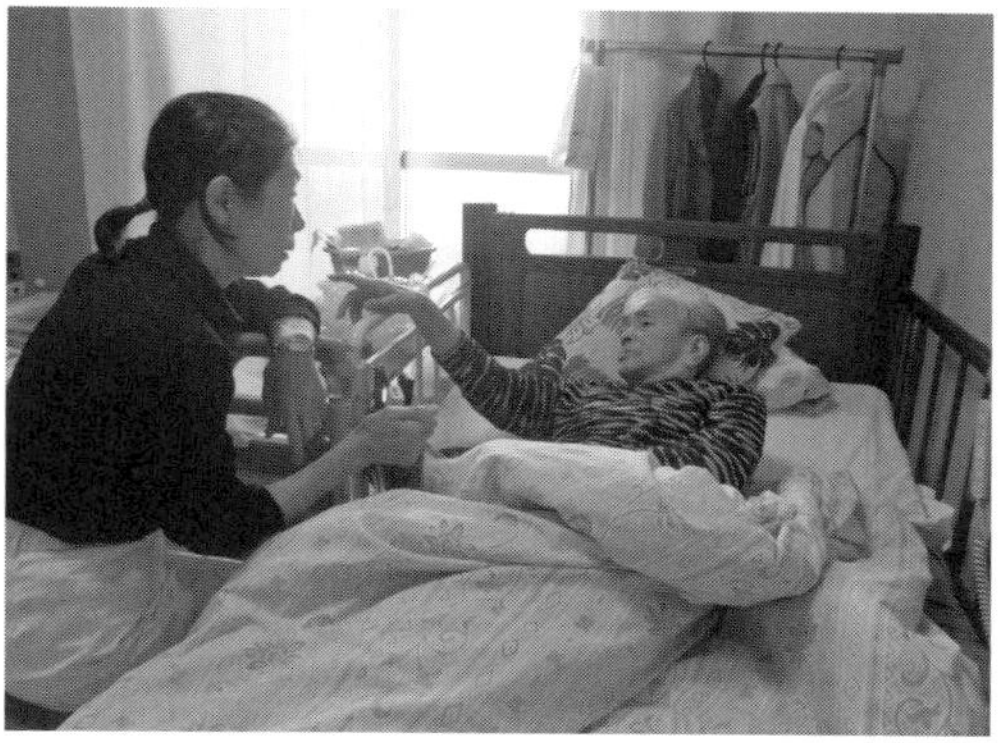

小さな変化も見逃さない心遣い

話を元に戻そう。

一週間ぶりに出勤した私は、その間のナナミさんの状況を看護師から聞かされた。日中はそれほどでもないのだが、夕方近くからナナミさんはふさぎ込み「自分はがんだ」と介護員に訴え、死に対しておびえているということであった。

事の顛末《てんまつ》を知った施設長は、ナナミさんががんの宣告を受けた病院に出向き、なぜそのような経緯に至ったのかを尋ねたらしい。すると返ってきた答えは、「当病院では、治療を前提としていますので、原則全ての患者にがんの告知をしています」ということであったらしい。そこで施設長は、その後のメンタルケアは、家族なり私ども施設職員がしなくてはならないのだから、それではあまりにも無責任だとは考えないのかと食い下がったらしいが、病院の方針だからというお寒い返事しかもらえなかったそうだ。

私たちはナナミさんに対して、極力明るい話題を提供し、ふさぎ込む時間を少なくした。その後のナナミさんは、認知症が幸いしてかどうかわからないが、「がん」や「怖い」という言葉も出さなくなり、少しは明るさを取り戻していった。しかし、腫瘍発見からちょうど半年を経て、ナナミさんは静かにこの世を去った。幸いなことに、ナナミさんの食欲は落ちたが痛みをほとんど訴えることはなかった。

認知症の人は、記憶障害や判断能力が低下しても「感情」はいつまでも残ると言われている。ナナミさんの場合、極軽度の認知症であるがゆえに「がん」ということを聞いた時、不安や恐れの感情を抱いてしまったわけである。病院の方針として、全ての患者に告知をするという取り決めになっているそうだが、それは対象の人格を無視した態度、言い換えれば対象を均一にしか捉えていないものだと言えよう。また、病院の職員からは「インフォームドコンセント（十分な情報提供と患者の理解）」をやっていますとも言われたそうだが、それは相手がきちんと物事を受け止め、考え判断できる人という前提の上に成り立つものだと思う。認知症の人との関わりにおいて「パーソンセンタードケア（認知症の患者も一人の人として尊重してケアを行うこと)」が提唱され、福祉現場ではまさに、対象者を個性を持つ一人の人として捉え、関わってゆく努力をしている現実がある。それは、福祉現場に限らず医療現場でも同じでなければならないはずだ。

私は利用者家族に対する面談においても、その家族の背景や性格などを読み解き、その場その場で説明の仕方や対応を工夫している。つまり、「急変時における意向確認」をうかがう際、その都度相手によって私の言葉・態度・質問のしかた等を考えながら進め、最終的に相手に意向を示していただいている。

「がん」などのデリケートな病状説明に対しては、それこそ相手のことをよく摑んだ上で話を進めてゆくこと、それこそが、その人やその家族に対して敬意を払った接し方と言えるのではなかろうか。そしてその上で、病院の方針に沿った伝え方の工夫こそがその人(医師)の力量と言えよう。

家族が不信感を持つ時

クニコさんは九十歳だが自力で歩行ができ、またそれほど認知症の症状も見られない。そのクニコさんが、転倒により右大腿骨の転子部骨折を起こし入院した。入院後三週間余り経った頃にクニコさんの面会を兼ねて、病院の看護師から経過をうかがった。

クニコさんは入院直後に「喘息」が出始めたが、なんとか手術をすることが出来たらしい。しかし、術後貯痰《ちょたん》が著しく頻回《ひんかい》な吸引（気管に入り込んだ痰などの異物をチューブによりたびたび外部に吸引すること）を要したが、ここ数日はそれもやっと落ち着いてきたところだという。このままの状態が続けば、抜糸後の退院は可能だろうという見解であった。ところで、肝心のクニコさんであるが、表情が乏《とぼ》しくほとんど目を閉じたままであることが、私にはとても気がかりであった。

面会から一週間後、抜糸も終えたので十一月二十四日に退院してもよいという連絡を受けた。ところが、その連絡を受けた翌日に病院から再度連絡が入り、「喘息」の検査をしたところ、結果が思わしくないので、退院を十二月二日に延期したいというのだ。そしてこれはあくまでも予定であって、再検査で悪化しているようであれば、治療のために退院のほうはずっと延期になるかもしれないとのことであった。

私は釈然としなかった。「喘息」の検査？　面会時には、全くその症状はなかったのに。クニコさんの顔は暗く能面状で、また施設にいた頃と比べものにならないくらい瘦《や》せていた。このまま入院が長引けば、とんでもないことになるという予感がし、私は家族に連絡を取った。「先日クニコ様にお会いしましたが、とても瘦せているのが気になりました。病院から連絡があり『喘息』の検査や治療で退院が十二月二日以降にずれ込むかもしれないということです。でも、現在入院しているのは整形外科です。内科的治療なら施設に戻り、嘱託医に委ねることも出来ますし、内科への転院も可能ですが、いかがでしょうか？」との問いに、「私たち姉妹で、このままにしておいて大丈夫なのか……、じゃあどうすればいいのかというようなことを毎日話し合っていました。ぜひ退院させてください」と即答された。

しばらく出勤する予定のない私は同僚に、「明日、○○病院（現在クニコさんが入院している病院）に連絡を取り、『喘息』についてはこちらで対処させていただくことを伝え、予定通り十二月二日に退院したいと依頼してください。もちろん、家族もそれを希望しているということも言うのを忘れないで」と、お願いした。

翌日、施設の看護師から私の携帯に電話が入った。

「○○病院に電話をしましたが、クニコさんはとんでもないことになっています」と言って、病院から提示された検査データを読み上げた。

ＷＢＣ：１２０００、ＣＲＰ：８・８９（これらの数値は、体のどこかに炎症が起こっていることを意味している）。

ＢＵＮ：６３・５、Ｃｒ：２・２２（これらの数値は、腎臓の機能低下を意味している）。

すなわち、クニコさんは、「腎炎」の可能性が極めて高いと推察できる。

「なんてこと！」

数日前、「喘息」の検査と聞いたとき違和感があったが、やはりこういうことだったのか。

「早急に家族に連絡し、私の出勤日（三日後）に施設に来ていただくように伝えて」と頼んだ。

数時間後、またもや施設の看護師から電話があった。家族は、明日にでも施設の協力病院のほうに転院したいと言っているがどうしたらよいかという相談であった。私は段取りを指示する一方、果たして転院し、そこでもまた入院が長引けば、ますますADL（日常生活動作）が落ち、意欲までをも喪失《そうしつ》してしまう結果になるのではなかろうかという一抹《いちまつ》の不安を抱いた。これくらいの検査数値であれば、施設内での医療行為で事足りるという気がしないでもない。頃合いを見計らって、クニコさんの今後のことについて、家族と話し合う必要性を感じた。

高齢者、それも認知症を抱える利用者が入院した場合、想像もしないことが起こることがある。クニコさんの場合、施設では「喘息」など一度も起こしたことがないし、過去においても既往がなかった。なのに入院直後に喘息発作を起こしている。また、他の利用者であるが、入院中は原因不明の微熱が続き、食事もほとんど摂れなかったのだが、施設に戻った途端に熱も下がり、食事を摂りだしたという例もある。

この理由の解明は専門家に譲るとして、高齢者（特に認知症者）にとっては、慣れ親しんだ環境からの離脱は、生命さえも脅かすことになりかねないということを教えてくれている。

現在クニコさんが入院しているのは整形外科である。現疾患である骨折は治癒したものの、退院を間近に控えて腎機能の悪化が判明した。それを「喘息」の治療という名目にし、退院を引き延ばそうという姑息な思惑には呆れ返る。医師は、専門外と判断すれば潔く専門の医師に委ねる勇気が必要ではなかろうか。被害を被るのは、常に利用者でありその家族なのだ。

過去になるが、内科の医師が慣れていない大腸ファイバーを実施して腸を傷つけ、患者は腹痛に苦しみ急遽開腹手術に至ったという経験がある。医師といえども、自分の得意分野とそうでない分野を認め、後者に対しては、謙虚になるべきであると思うのだ。

クニコさんが転院して数日経った頃、担当医から電話が入った。

「クニコさんに『肺がん』が見つかりました。今後の対応について、病院と施設それに家族も交えて話し合いませんか?」と言う。この病院からこんなお誘いがあったのは初めてのことである。クニコさんの転院の際、今までのクニコさんの経過を詳細に伝え、出来れば早く施設に戻していただきたいという要望を出していたのだが、それを配慮してくれてのことであろう。もちろん私は参加させていただくことを約束し、その日を待った。

数日後、担当医から私宛に電話が入ったそうだが、あいにくその日は休みだったので、次の出勤時、担当医に連絡を取った。

「クニコさんは、入院時はＣｒ２・２だったのですが、今回の結果は４・８に上昇しています。『腎不全』が急速に進行しているということです。また電解質も著しく悪く、しかもすごい量の胸水が溜まり、極めて重篤な状態です。余命一週間というところでしょう」と、衝撃的な事実を告げられた。

「では『肺がん』のほうはどうなっているのですか？」と尋ねたところ、「いや、あれは『肺がん』ではなく、胸水でした」と、答えてくれた。

「そうですか。骨折後に手術を受けたあと元気を取り戻す間もなく、そちらに入院となりました。そういう意味において、一度は施設に戻ってほしかったのですが……。先刻家族とお話し、とても先生方のことを信頼しています。よろしくお願いします」と頼んだ。

実を言うと、担当医に連絡を取る前に、まず家族の意向を確認したくて、身元引受人である長女に連絡を取っていた。長女は、「整形外科では『これで本当にいいの』という疑問や不信感が常に付きまとっていましたが、現在入院させていただいている病院は、検査でいろんなことを発見してくれました。私たちも納得していますので、全て病院に任せようと思っています」という思いを聞いていたのだ。

たとえクニコさんが帰らぬ人となっても、現在入院中の病院にこれほどまで信頼を持っていれば、家族としてもある程度は納得できるだろう。仮に、これがもし整形外科でのことであったなら、家族は後悔で苦しむことが予測できる。施設側とすれば、骨折後一度も施設に戻ることなく亡くなるということは、寂しくもあり悔しくもあるが。

転院してちょうど二週間後の十二月十四日、クニコさんの訃報が届いた。

――クニコさんのご冥福をお祈りする――

高齢者は概してストレスに弱い。たとえば、「インフルエンザ」に罹患したあと、それが元で急速に体力が衰え死に至ることもある。また何らかの理由で入院加療を受けた場合に、たとえそれが治癒したとしても、急速に弱体化し帰らぬ人となることも少なくない。クニコさんにしても、大元は骨折であった。ところが、入院加療という新たな体験にさらされることにより、全く予想もしなかった死への転機となってしまった。したがって私たちは、高齢者が入院という環境にさらされることに、慎重にならねばならないことになる。状態がおかしいから入院しましょうという前に、本当に病院へ押しやってよいものかを吟味し、どうすることが利用者にとって益になるのかに心を砕くべきだと思うのである。

仮に、入院に至ったとしても、出来るだけ早く施設に戻すことが肝要だ。入院中は、食欲もなくうつろな目をしていた利用者が、施設に戻った途端に生気を取り戻すことも少なくない。

たとえば、以下のような摩訶不思議な体験をした。九十五歳のカヨさんが車椅子から転落し、骨折で入院した。重度の認知症を抱えるカヨさんは、病院では両手の拘束を受けざるをえなかったが、その理由がわからないカヨさんは、廊下に響き渡る声を張り上げ「殺せー」「帰るー」と、始終助けを求めていた。加えて、入院後カヨさんに「胆石」が見つかり、胆汁を体外に出すチューブの挿入《そうにゅう》を余儀《よぎ》なくされた。熱が収まりそのチューブを抜くと、また再発するという繰り返しのためなかなか退院には至らなかった。

カヨさんの入院三カ月後、七十代後半になる長男が施設に来られて、「見るに堪《た》えないので母を連れ戻してください」と懇願された。胆石による黄疸《おうだん》や発熱が出現すると、施設ではチューブを入れることが出来ないので、死に至ることになる危険性があることを伝えても、長男は今の状況から救い出せるなら構わないと強い決意を持っていた。そこで、不承不承カヨさんを引き受けることになったのだが――。

施設に戻ったカヨさんは水を得た魚のように車椅子を自操し、施設内を動き回った。そして、よく喋りよく食べた。私たちは、黄疸や発熱が出ないか気が気ではなかったが、その心配をよそに退院してからのカヨさんには全くそのような症状は現れなかった。それどころか、その後九十八歳で人生の幕を閉じるまで施設で余生を送ったのである。

精神的ストレスと体調は密に関係するということは周知のことだ。しかし、胆のうにある石にまで影響を与えることもあるという事実は、驚愕《きょうがく》以外の何物でもない。

誠意のない対応

キヌさんの入所に当たりお会いした息子との面談状況を、数カ月経った今でもはっきり覚えている。理由は、高齢者においては「自然な形」が最も良いと言いながら、最終的にはそれとは反対の意向表明をしたからである。

キヌさんは、平成十八年に交通事故に遭って「くも膜下出血」を起こし、半年間、日赤病院で治療を受け、そこを退院する時には歩くことが出来た。その後、環境に馴染《なじ》めないという理由や息子の転居等の理由で、民間病院や施設を転々とした。そのうちに認知症状が出始め、寝たきり状態へと化した。息子の母親に対する「急変時等における意向確認」では、延命治療は望まないが優先的に入院加療を願いたいということであった。

キヌさんが熱を出し、肺雑音を認めたため受診すると、思った通り「肺炎」だった。当然、息子の要望通り入院していただく手はずを整えた。それから一カ月間の治療を終えてキヌさんが退院してきた。といっても、前日まで「点滴」を受け、また食事を始めたのはその二日前からであった。

想定内のことではあったが、退院後のキヌさんは食欲がなく一割程度しか食事が摂れない日が続いた。口内への溜め込みや吐き出し、そして極端な嚥下機能の低下は認めないものの摂取量は極めて少なかった。これは、単に食べ物を受け付けないと言ったほうがよいかもしれない。こうして一カ月が経過した。

介護員から、ここ数日前から特に朝と夕の食事を拒否することが多く、せっかく口に入れてもこぼれてしまうことが多くなったという報告がもたらされた。元々キヌさんには、ミキサー食にとろみをつけた食品を提供していたが、昨日から栄養補助食品として「エンシュアリキッド」を開始していた。

そこで私は、キヌさんの昼食介助を行ってみた。嚥下には問題はないし溜め込みも認めない。

しかもその時は八割ほど食べることが出来た。これならなんら問題はない。しかし、介護員によれば「昼食はまだましなほうです。朝と夕は本当に摂れていません」と言う。

私の知っている入所時のキヌさんと今のキヌさんとでは雲泥《うんでい》の差がある。とにかく「老《ふ》けた」のだ。八十八歳と年齢は高いが、その何倍も老けて見えた。もともとキヌさんは細身の人ではあったが、今月の体重をみて仰天した。身長一五〇センチ余りで体重は二一・七キロ。生命維持ギリギリのラインだ。

明らかに「老衰」だ。息子の希望通り入院していただくのがベストではあろうが、その理由が見つからない。肺は非常に綺麗だし、バイタルサインも非常に落ち着いていた。とにかく、もう一度息子にお会いし、今後の方向性を出す必要があると考えた。息子はすぐに来てくれた。

私は、退院後のキヌさんの状態を伝えた。食事摂取量の低下の要因は、今回罹患した「肺炎」であると考えられること。つまり、病気等により身体に侵襲《しんしゅう》を受けた場合、高齢になればなるほど一気に衰弱する傾向があるということを「インフルエンザ」や「ノロウイルス」の例を挙げ説明した。キヌさんの場合は「肺炎」である。説明を真剣に聞いていた息子は、

「よくわかりました。しかし、一気にこれほど弱りますかね。この頃は、私を見てもあまり反応してくれません。入所時から個室を希望していますが、今の環境は母にとって決して好ましいとは言えません。雑然としすぎているのです。大きな音量のテレビが目の前にあるし、他の利用者が周りをうろうろしています。環境も大いに左右していると思うのですよ。ここに入る

前の施設では、母は笑ったり喋ったりとても明るかった……。それなのに、今はそれさえ見られなくなってしまった」と言う。

「個室の件は、相談員に再度伝えます。ところで、このままですと老衰と言うことになりかねません。何か病気でも発症すれば治療のために入院ということになりますが、この状態での入院となると、たぶん『胃ろう』になります。入所時の意向では、それは希望されていませんでしたね」と尋ねた。

「『胃ろう』は避けたいと思っています。療養型病院に移るというのはどうでしょうか。そこでは、医療も受けられるのですよね」と、息子が尋ねた。

「そうですね。選択肢の一つですが空床があるかどうか、また利用料が上がると思いますがよろしいですか」との私の質問に、息子は快諾した。結論としては、今後なんらかの病気が発症すれば入院していただく。それまでに、療養型病院の空きがあれば移っていただく。一方で、嘱託医にキヌさんの状況を伝え、医師としての見解をうかがうという方向性を出した。

　翌々日、嘱託医が病院でキヌさんの診察をした際、息子に会って話そうということになり、その二日後に息子は医師と面談することになった。その場面に立ち会った看護師の話では、医師と息子との間で以下のようなやり取りがあったという。

　息子は医師に、「このところ母親の気力が失せ、目も合わせてくれません。食事摂取量も減っていると聞いています。出来れば『胃ろう』は避けたいと思うのですがいかがでしょう。仮に、『胃ろう』を造った場合は、ずっとそのままになるのでしょうか」という質問をした。

医師からは、「『胃ろう』は永久的なものではなく、経口摂取が可能になれば抜くことは出来る。しかし、そういう場合は決して多くはない。現状から推して、まず入院して『点滴』を実施し、それが長期にわたるようであれば、療養型病院への転院もありうる。一方、『胃ろう』を造れば施設に戻れない（本施設では「胃ろう」を引き受けていない）。他の選択肢として、何の手段も講じずにこのまま施設での『看取り』という方法もある」というような説明がなされた。

そして最後に「家族の意向はどうか」と問われると、息子は「第一の希望は入院して元気にしてほしい」と答えたという。そこで医師は、入院したからといって一気に回復するとは言えないが試みてみようということで息子の承諾の下、キヌさんの入院が決まった。

施設に帰る途中に息子は付き添った看護師に、「入院しても良くならなければ、施設での『看取り』もありかな。『胃ろう』については、入院中に再考するつもりだ」と語ったらしい。

こうしてキヌさんは、翌日入院した。

数多くの家族面談を重ねるうちに、私は疑問を持つようになったことがある。延命治療としての「人工呼吸器装着」や「心肺蘇生《そせい》」は希望するが、「胃ろう」は認めないという家族が少なからずいるということだ。これはとても矛盾する。

そもそも「人工呼吸器の装着」は、心肺停止の意識のない人を対象とするものであり、「胃ろう」においては意識の有無にかかわらず、人工的に栄養のみを与えるものである。したがって、「人工呼吸器装着」をするということは、当然、人工的栄養も与えるという前提に立つものなのだ。

昨今、「胃ろう」が取り沙汰され議論の俎上《そじょう》に上がることが多い。反面、「人工呼吸器」については、過去に議論され尽くした感がある。私と同年代の人たちにおいては、「人工呼吸器」のことを十分理解しているが、もう少し若い年代になると、「人工呼吸器」についてあまりにも知らなさ過ぎる。このことが、「人工呼吸器装着」は許すが、「胃ろう」は許さないという決定に至らしめているとすれば、放置できない喫緊《きっきん》の課題となる。現に「人工呼吸器」の仕組みや装着の適応などを詳しく説明して、改めて理解を示す家族も少なくない。このことはつまり、「意向確認書」の提出に当たり、何の説明もなく書類提出のみを要求することは、とんでもない危険を孕《はら》んでいるということを示唆している。

九十歳に近い親を前にして、なぜこれほどまでに「生」に固執《こしつ》するのであろうか。人は遅かれ早かれ死ぬものであるし、いくら大切な親であってもいつか別れがやってくるものだ。死生観・倫理観・文化の相違とは言ってみても、古今東西死なない人は未だかつて存在しない。なぜこうも生にしがみつこうとするのか、なぜもっと潔《いさぎよ》くなれないのか、なぜ少しばかり生を引き延ばすために辛い検査や治療にすがろうとするのか。今の私には理解しがたい事実である。「そんな選択は親を苦しめるだけよ」と、心で叫びながらも、家族の意向に従わざるをえない苦しい現実がある。

キヌさんが入院してから二日後、病院からキヌさんの訃報が届いた。以下に、病院の看護師と施設職員のやり取りを記す。

「○○病院の看護師ですが、エズツ様の件で伝えたいことがあります」

「えっ、エズツ様ですか?」

「そうです。エズツ様です」

「利用者にそのような方はおられませんが、筒井様ではないのですか?」

「ツツイ……、ああ、これツツイって読むのですか……。その人がお亡くなりになりました」

「お亡くなりになられた……。では死因は?」

「私、担当の看護師ではないので詳しいことはわかりません」

そう言って、一方的に電話が切られた。

〈なんということだ。たった二日間であったとしても、病棟でお世話をした人の名前を間違うなんてことが許されてよいものだろうか。また、死因も知らずにただ訃報のみを伝えるとは、看護師でなくても誰でも出来ることではないか。死者を冒瀆《ぼうとく》する行為ではないか〉

この病院の職員教育は一体どうなっているのか。同職種として、怒りと悲しみの感情が私を襲う。

キヌさんは、「点滴」により少しでも体力をつける目的で入院したはずであった。しかも一昨日のことだ。私たちにとっては青天の霹靂《へきれき》だった。死因は、次回の回診時に聞く予定にしていたが、母親の荷物を引き揚げに来た息子に職員が出くわし「死因」を尋ねたところ、「脳梗塞」だということがわかった。

キヌさんの息子は、母親が生を維持するためにはあらゆる治療を希望していたはずだ。キヌさんの「死」に納得できたのだろうか。私は、母親の死を少しでも納得のいくものにと考え、息子とは何度も議論してきたのだが、それも水泡に帰した。仮に、キヌさんが施設でこのような亡くなり方をしていたとするならば……。

考えるとぞっとする。病院というところは、「病院」という無言の圧力で家族を納得させる術を持っている。施設ではそうはいかない。キヌさんの場合は施設で「脳梗塞」という死亡診断が下されても、キヌさんの息子は果たして納得したであろうか。そういう意味において、病院で亡くなってくれたことを不謹慎にも感謝せざるをえない現状である。

――キヌさんのご冥福をお祈りする――

病院内部の連携ミス

博之さんは病気と共に生きてきたような人だ。昭和四十二年の胃切除を皮切りに、総胆管結石、胆のう炎、狭心症、心不全、甲状腺機能低下症、心筋梗塞、慢性腎不全、認知症、前立腺肥大症、そして今回問題とする消化管出血の疑いと続く。博之さんは、一〇年前にペースメーカーの埋め込み術を受け、四年前には前立腺肥大症のためにバルーンカテーテル（尿道経由で膀胱に挿入し、先端部のバルーンを拡張して留置を行う）の挿入を余儀なくされている。

このようにたくさんの疾患を抱えているために病院で受診する科も多岐にわたり、そこから処方される内服薬も膨大《ぼうだい》なものになっている。

昨年、ケアハウスから特養に移ってきて半年ほど経った頃、「疲れが取れないから入院する」という本人の要望でかかりつけの病院に一〇日間入院した。しかし、これと言った診断も下されず、増えたのは内服薬だけだった。「入院しても良くならなかった」とは、退院後の本人の感想である。博之さんが服用している薬は、総計二五種類もある。その後、博之さんの食欲が徐々に落ち、次の定期検診の結果「慢性腎不全」の悪化と「脱水」で、約一カ月間の治療を受けることになった。

ここで少し博之さんの施設生活を紹介する。

博之さんは七十九歳で、歩行には杖を用いて割としっかり歩け、尿意を催すと挿入されているバルーンカテーテルのコックを外し、膀胱《ぼうこう》に溜まった尿を出す作業も自分で行っていた。このように身の回りのことは自分でされるので、介護の手をほとんどわずらわせることはなかった。こう書けば、それこそ優等生の利用者だと思うであろうが、少し違う。一言でいえば「自己中心的」で要求が多く、また医師と薬に対して絶大な信頼を置いている人である。

たとえば、「腹が痛いから薬をくれ」「少しふらつくから病院に連れて行け」「リモコンに手が届かないから置く場所を変えろ」といった具合だ。まあ、たくさんの疾患を抱えて入退院の人生を送ってきた人だから、自分の体に執着するのもやむをえないことではあるし、ある程度は頷ける。しかし、それに輪をかけて介護員を困らせたのは息子さんだった。「なぜ、もっとちゃんと見てなかったんや」「先日こけたらしいやないか」など面会に来るたびに一言二言の小言を言うのであるから、介護員にすればたまったものではなかろう。

相談員が息子さんの携帯電話に連絡を入れてもすぐに出たためしはなく、何度も掛けると怒鳴られるし、折り返し電話を待ってもなかなか連絡をくれないと頭を抱えていた。しかも言うことがその時々で変転するというからややこしい。

約一カ月間の治療を終え、博之さんは退院してきた。病院からのサマリーには、今回の入院は「慢性腎不全」の悪化と「脱水」であると書かれていた。しかもそこには「もっと早く受診させるように」という一文が加えられていた。

さて、施設に戻った博之さんは、立つことすら出来なくなっており、加えて排便の感覚すら怪しくなっていた。さらに、言っていることもちぐはぐというような状態に変貌していた。入院すれば、各機能の低下は免れないことは承知しているが、これほどひどくなっているとは想像もしていなかった。

退院後三日目、相方の看護師から便の潜血反応が陽性に出ているという報告を受けた。加えて、最高血圧も退院後ずっと八〇～九〇ｍｍＨｇとかなり低くなっていた。博之さんは、「降圧剤」を二種類それに「抗血栓剤」も服用していた。この日は土曜日であったため、月曜日に博之さんが入院していた病院に連絡を取り、入院中の血液データをファックスしてくれるように病院に依頼してほしいと相方の看護師に頼んだ。

週が明けた火曜日、出勤した私は博之さんのデータの確認を行うと、未だに届いていなかった。その日の昼過ぎまで待ったがなしの礫《つぶて》であったため、病院の地域連携室に電話を入れた。以下は、地域連携室の相談員と私のやり取りである。

「博之さんの血液データのファックスを昨日お願いしたのですが、どうなっているのでしょうか？」

「今日は、主治医がお休みなので、明日医師の了解を得てから送らせていただきます」

「えっ、明日まで待たなければならないのですか。昨日依頼したはずですが、昨日も医師はお休みだったのですか？」

「いえ、こちらの手違いで医師と連絡が取れませんでした」と、悪びれる様子もなく平然と言ってのけた。

〈じゃあ、謝るのが筋だろうが〉という気持ちで、いささか腹が立った。

「退院後、便に潜血反応が認められますし、血圧も一〇〇ｍｍＨｇ以下が続いています。だからデータがほしいのです」

「大丈夫ですか？」と連携室の職員が尋ねた。

「どういうことですか？」と私が返す。

「本当に放っておいて大丈夫ですか？　おたくの施設は重篤《じゅうとく》化してから受診することが多いと聞いています」

　それを聞いて、私は頭の中の線が切れるのを感じた。

「ちょっと待って。病院側から見れば『重度になってからの受診は困る』ということはよくわかりますが、それって病院側の言い分ですよね。施設の職員は、食欲が落ちれば何とか食べていただこうと努力します。特段異常があれば別ですが。これは施設側の見方ですよね。現に、今回の退院の後の博之さんの状態を知っていますか？　それに『大丈夫ですか』ということは、私たち施設職員に対して失礼な言い方だとは思いませんか。あなたは医療従事者ではないのでしょう。明日、データを送ってください」

　そう言って電話を切った。

　その直後、病院の相談員が施設の相談員の所に連絡をよこして、私が感情的になっていたこと、また月曜日に施設からの依頼を受けたのは病棟の看護師で、医師に聞くのを忘れていたこと、相談員がその事実を知ったのは今日になってからであることを伝えたという。

確かに私は感情的になっていた。その糸口は「大丈夫ですか?」「本当に放っておいて大丈夫ですか?」という相談員の言葉であり、それに対して敏感に反応してしまったためだ。もう少し詳細に言うと以下のようになる。

博之さんが退院してきてから今日に至るまで、「便潜血は入院中にもあったはずなのになぜ対処しなかったのか」「最高血圧一〇〇mmHg以下という低い血圧は入院中にチェック出来たはずなのになぜ看過されたのか」というもやもやした気持ちを溜め込んでいた。そこに相談員の「大丈夫ですか?」という言葉が追い打ちを掛け、「病院でも見落としていたのに、『大丈夫か』という言い方はないじゃないか」となり、平静さを失わせた。

また、病棟と相談員との連携ミスは、病院側の問題であり施設にはなんら関係がない。ならばその落ち度をまず謝るべきであるし、私から連絡を入れなくても、本来なら病院から電話を寄越すのが筋というものだ。こんな不条理なやり方に憤りを感じ、私の感情が爆発してしまったのだ。いずれにしても、便潜血と血圧に関してはこのまま放ってはおけず、嘱託医に連絡を取り、「抗血栓剤」と「血圧降下剤」の中止の指示をいただいた。

さて、博之さんが退院するのと同時期に息子さんとの面談を実施した。理由は入所時の意向確認書に「積極的治療は全て希望する」すなわち「延命処置」を希望するというように記されていたためだ。しかし、博之さんの場合、多くの疾患を抱えていることから推して、息子さんの期待に応えるためにはよほど慎重を期さなければならなくなる。日中はまだしも夜間は、医療従事者が不在となるために、その意向に添えなくなる可能性も出てくる。ややこしい息子さんであれば、なおさらその了解をいただいておく必要があり、今回はそのための面談である。私は、息子さんのことを「苦情の多いやりにくい人だ」と聞いていたので、身構えて面談に臨んだ。

ところが、なんと話を進めるうちに、父親には「あるがままで生きて逝ってほしい」と思っていることや、「延命のための治療は控えてほしい」と考えていることが判明した。ならば、意向確認書に記している「胃ろう造設・人工呼吸器」の肯定を一体どう説明すればよいのか。話しているうちに以下のようなことがわかってきた。入所の際、ほとんど何の説明もされず記入したものであること。そして急変した際に治療を施せば元気になるということを想定して記入したことがわかった。

「だってそうでしょう。治療すれば治るのであれば誰だって希望しますよ。その手段が、『人工呼吸器』であり『胃ろう』であるということですから。いずれにしても、亡くなるのはそう遠くはない状況下でどうするかという設問であったことを、今回説明を受けてよくわかりました。単なる延命のためであるならば、もちろんここまでは望まない」と言い切った。そしてこうも付け加えられた。

「今後の父親に対する医療的対応や判断は看護師さんにお任せしたい。もちろん私が決断しないといけない場合は別ですが」

面接を終えた私はなんだか拍子抜けしてしまった。あれほど職員たちから問題視されていた息子さんが、とても理解力があり、話のわかる人であり、そして何より父親の立場に立って考えられる人であったからだ。

この事例からの学びは大きい。まず、施設職員（看護師・介護員・相談員・ケアマネージャー）全てが、偏見を持ち説明を十分していなかったということだ。人は「偏見」「思い込み」「先入観」があると、「バイヤス」が掛かってしまい、初めてお会いする時にすでに自分でイメージを作り上げてしまって一方的な見方しか出来なくなっているものである。すると、当たり障《さわ》りのない説明や質問となってしまい、その人の「本質」が見えなくなってしまうのだ。

あと一つは、「意向確認書」のような重要な内容を含む書類の記入に際しては、単に書類を渡すだけではいけない。必ず詳細に説明して相手の確認を取りながら進めなくてはいけないということだ。そして、時に再確認という手続きを踏まねばならない。人は常に気持ちが揺れるものであるし、社会の風潮にも左右されるからだ。平たく言えば、家族に対する職員の向き合い方を今一度反省してみる必要があるということになろうか。

「病院」という名を笠に着て

フキさんに関する入所時面談は、長男夫人のみで行《おこな》った。まず、フキさんの病歴を紹介する。平成十七年に「脳梗塞」を起こし、平成二十二年に「心不全」に罹患、そして翌年には「脳動脈瘤《りゅう》」が発見された。また平成二十五年に「気管支喘息」を発症している。そしてそのたびに入院加療を受けている。

これ以外に特筆すべきこととして、長男夫人によればフキさんは、先天的に左腎臓しかなく、また脳動脈瘤に関してはいつ破裂するかわからないと医師から宣告を受けているということであった。面談中の私たちの会話は、高齢になれば寿命というものに逆らわず、自然に任せて生活するのが、本人にとって幸せなことだというような内容に終始していた。そして話が一段落した頃、

「これほどの病気に罹り、九十三歳を迎えられたのが不思議なくらいです」と、長男夫人は感慨深げに言った。

ところが、「急変時における意向確認」についての説明を始めた途端、夫人の態度が微妙に変化した。こまごました質問がたくさんあり、最後に「義母（フキさん）の息子（夫）と娘であれば、きっと最期の場所は病院を望むと思います。また『人工呼吸器』の装着も希望するで

しょう。しかし、『胃ろう』に関しては拒否すると思います。あくまでも義母に関しては息子と娘が決めることですから、私の考えは差し控えたいと思います。だからこの書類（意向確認書）は持って帰らせていただきます」と、前半の話の内容とは正反対の答えを出したのだった。書類は、後日提出するという約束の下にお預けした。

そして約束通り後日書類が届いた。そこには、ほとんどの延命治療が希望されていた。また夫人が言われた通り「胃ろう」は拒否するが、その代わり「点滴」を望むという内容になっていた。

入所された三カ月後、フキさんは流行していたインフルエンザに罹り「肺炎」を併発し、入院する羽目になった。この時の医師の説明によれば、肺炎もさることながら胸水も溜まっているということであった。それから一カ月が経ったが、病院からは音沙汰がなく問い合わせたところ、一週間後に予定している採血結果を見て、退院を考えるという内容であった。それから一週間が経ち、担当医師からは、「胸水は溜まったままだが何とか退院は可能だろう。このことは親族に説明をしておく」という回答をいただき、翌日（水曜日）に退院することになった。

水曜日の昼前にフキさんがやって来た。嚥下状態の悪化は覚悟していたが絶食期間が長かったために、思っていた以上の低下を認めた。それ以上に、フキさんは全く覇気《はき》を失っていた。

その日の夕刻、看護師が帰宅の準備に掛かった時、車椅子に乗ったフキさんが、介護員に連れられて医務室にやって来た。介護員は、「夕飯のために食堂に誘導しようとフキさんを抱え上げた時、手に違和感を覚えたのでその場所を見るとこんな状態でした」と言いながら、フキさんのズボンの裾《すそ》をたくし上げた。そこにはなんと三センチ×三センチ大の傷から浸出液があふれ出していた。

「なんてひどい褥瘡《じょくそう》。他の場所も調べてみましょう」

そう言って、フキさんの全身を点検した。両外果《がいか》（そとくるぶし）・両踵部《しょうぶ》（かかと）など計六カ所もの褥瘡が両下腿《かたい》で見つかった。その内二カ所には二週間前の日付が記されたドレッシング材（創部の保護、湿潤環境の維持、治癒促進、疼痛緩和などの目的で作成されている）が貼付され、しかもそれは半分剝《は》がれ落ちていた。ところが、サマリー（要約）には褥瘡については何ら触れられていなかった。なぜサマリーにはこのことが書かれていないのか、どのような処置がなされていたのかを知りたくて病棟に電話をした。この時の病棟師長とのやり取りについてはあとで書く。

こうして退院はしたものの、両下肢の浮腫、嚥下機能の顕著な低下、さらに六カ所にも及ぶ褥瘡などの大きなリスクを負ってフキさんは帰ってきたのだ。

「ねえ、何か臭わない？」と、同僚が聞いてきた。そういえば……この臭い。

フキさんは、入院と同時にバルーンカテーテルを挿入され、そのままの状態で戻ってきた。念のために点検すると、陰部からの強烈な悪臭と共に、バルーン挿入部から膿が出ていた。看護師全員が絶句した。一カ月以上も入浴していないのであろうか。私たちは、陰部の洗浄と褥瘡の処置にずいぶん時間を要した。

木曜日に休み、金曜日に出勤した私は、看護師にフキさんの様子を尋ねた。すると思いもかけない報告があった。昨日つまりフキさんの退院翌日に全身に著しい浮腫が現れ、家族同伴の下で受診したところ、医師からは、「血液検査の結果は、腎機能に問題はなく、『低たんぱく』によるものだ」との説明がなされたらしい。それを聞かされた私は、またしても医師に対する不信感が募った。

「低栄養だとすれば、入院期間中にわかっているはずだが、それを放置していたということか。たった一日で『低たんぱく』に至るというばかなことはありえない。腎機能に問題がないというのであれば、心機能の低下は考えられないのか」

病院からは三日分の「点滴」ボトルと「利尿剤」のアンプルが処方され、昨日から施設で実施しているという。この日のフキさんは「利尿剤」の効果のためかずいぶん浮腫も取れ、上腕と下腿に少し見られる程度であった。しかし、決して楽観できる状態ではなく、何より家族は「積極的治療」を望まれているということもあり、早急にお会いすべきだと判断した。

二日後、長男夫婦が来てくれた。まず私は、退院時に医師から「胸水」についてどのような説明を受けたのかを問うた。すると、なんと入院時に説明があったきり、退院時はおろか入院期間中の一カ月余りの間に一度も状態説明がなかったという。それどころか突然一方的に退院を言い渡されたのだそうだ。フキさんの退院に際し、医師から胸水の説明を受けていたと思い込んでいた私たちにとって、家族の言葉は青天の霹靂だった。

私は家族に「今から私が説明することをよく聞いてくださいね」と、前置きをして以下の六項目を順序だてて説明した。
①インフルエンザ後の「肺炎」で約一カ月間入院し治療を受けた。入院時は「肺炎」と共に「胸水」の指摘があったが、胸水に関しては完治していない。
②入院中に「褥瘡」が出来、現在両下肢の計六カ所に見られる。そしてそれらは決して軽くはなく、治癒に時間を要するであろうし、感染のリスクがある。
③利尿剤の注射をすれば浮腫は軽減するが、内服薬に変更した際に同じように反応してくれるか判断がつきかねる。
④状況から推して、腎機能には問題がないと考えられるが、「慢性心不全」「心房細動」を抱えていることから、現在の浮腫の原因は、心臓からの影響かもしれない。
⑤医師の説明通り「低たんぱく」の状態だと思われるが、このことにより「褥瘡」の治癒はより長引くことが予想される。絶食期間が長く、これからの摂取量いかんで浮腫や褥瘡が左右される。
⑥一度「肺炎」に罹患したことのある人は繰り返しやすいという特徴があり、フキさんにしてもリスクが高い。
以上の説明を終え、改めて意向の確認をしたいことを伝えると、夫人が「先日受診に付き添

った際、医師から『浮腫は低たんぱくが原因であるから、その治療は可能だ』と言われました。また胸水にしても低たんぱくが原因だともおっしゃっていました」と話したので、そこで私は口を挟んだ。

「入院時から胸水はありましたよね。それが低たんぱくに原因するなら、入院中に治療すれば済むことだと思うのですよ。何より一日や二日で『低たんぱく血症』になるなんてことはありえませんから。よく考えていただきたいのは、今回の入院でフキさんの機能は全てにおいて落ちていますよね。飲み込みにしても、言葉数にしても……。つまり、入院すればもとの病気は治ったが、犠牲になることも多いのです。フキさんの場合、『褥瘡』という付加までつきました。それら全てを総合的に考えた上で、改めてご家族のご意向をうかがいたいと思います」と尋ねた。

すると息子は、「母はもう高齢ですし、入院した場合の支障が大きいことは今回よくわかりました。私たち一般人は、入院すれば全て解決すると思っている節がありますが、決してそうではないのですね。前回の意向表明では、妹の介入もありましたが、現在はその妹とも縁が切れたような状態になっています。今後は『全てにおいて施設内の対応』でお願いしたいと思いますし、『看取り』までお引き受けくだされればありがたいです」と、明快な答えを出されたのであった。

利用者が病気に罹れば医療機関を頼り、全てを任すしかない。したがって、検査結果や病状あるいは治癒過程の説明を受ければそれを信じるしかない。しかし、それが真実でないとすればどうだろう。でも、私たちには確かめる術《すべ》がない。以下は、フキさんの場合における私の疑問である。

1．胸水については、家族に説明をしておくと約束しながらそれを実行しなかった。
2．入院中はおろか退院に際しても、家族には全く病状等の説明をしなかった。
3．胸水や浮腫は低たんぱくによるものだという説明は、一応理にかなっている。であるならば、入院中になぜ治療がなされなかったのか。
4．慢性心不全や心房細動があるにもかかわらず、心機能を全く問題にしていない。
5．ほとんど一カ月間は絶食をしているが、九十三歳の人にとってこれがどういう意味を持つか、全く配慮が感じられない。
6．両下肢に出来た褥瘡に対する処置がなされていない。つまり気付いていなかったことになる。言い換えれば、入浴も寝衣交換もなされていなかったと考えてよい。
7．退院翌日に、顕著な浮腫が出現したということは、退院当日まで利尿剤の注射をしたことが予想される。しかし、サマリーには一切記載されていない。

これほど多くの疑問を抱え、それでも病院あるいは医師を信頼できるであろうか。

全く医療的知識を持たない人たちは、医師の説明や治療を何の疑いもせず信じて頼らざるをえない。テレビのコマーシャルで「〇〇ならお医者さんに相談しましょう」と流しているが、

「相談して信じたら、余計に悪くなることだってあるんだから」と、内心私はつぶやいている。

フキさんの長男が「一般人は、入院すれば全て解決すると思っている」と話すこのことは、「医師や病院を信じているから頼るのだ」と言い換えられる。そしてその信頼度により、「緊急時の意向」も異なってくる。病院や医師に全幅の信頼を寄せている家族は、往々にして「積極的治療」の選択をすることが少なくないというのが、私のこれまでの経験知だ。「入院した場合の支障が大きいことが、今回よくわかりました」という長男の言葉にあるように、入院した際のデメリットをわかっている人たちは決して多くはない。そしてこれこそが、社会的啓蒙《けいもう》に値することなのだと痛切に思う。

褥瘡をめぐって

フキさんが退院してきた際、両下肢にたくさんの褥瘡が出来ていたこと、そしてその一部の箇所にドレッシング剤が貼付され、しかも貼付日からずいぶん日が経っているために半分剝がれていたこと、加えてその事実がサマリーには一言も記載されていなかったこと等を前文で書いた。

ドレッシング剤を用いているということは、看護師の誰かが褥瘡の事実に気付き対処していた証しである。だとしたら、これほどのひどい褥瘡のことをサマリーに記載すべきである。また、仮に記載漏れだったとしても、どのような薬剤を用い、どのような処置や方法を採っていたかを聞く必要があると思った。なぜなら、その方法に効果があるようなら、施設においても継続すべきであると判断したからだ。

　私は病棟師長に電話を入れた。以下は、病棟師長と私とのやり取りである。

「病棟の看護師の誰もが、フキさんに褥瘡があることをご存じなかったと言われますが、ドレッシング剤が貼られていたということは、どなたかがご存じだったということになりませんか」

「今日、出勤しているナースは全員知らないと言っています。それ以外のナースのことはわかりませんが」

「けれど、仮に一人のナースが知っていたとしても、その人だけが処置をするわけではありませんから、ナース全員が共有すべきことですよね。ナース全員に聞き取りをして報告をくださいませんか」

「なぜ報告しなければいけないのですか。こちらで指導すれば済むことではありませんか」

「それで結構ですよ。けれど、近日中にフキさんのご家族とお会いし、今後のことで相談を予定しています。その際、何と説明するのですか。病棟の看護師は一人も知らなかったと言ってもいいのですか。それより、病棟の看護師たちは、これこれの対処をしてくれていたにもかかわらず、このようになってしまいましたとお伝えしたほうが、ご家族も安心し納得されるのではありませんか」

「家族が何か文句を言うのであれば、医師に前面に出てもらいますから」

と、全く喧嘩腰である。褥瘡を創ったこと、それを見逃したこと、看護師間の伝達がなかったこと等に対する詫びの一言もない。それどころか、看護師たちの失態を医師に庇《かば》ってもらおうとする態度には、看護師としてのプライドのかけらもない。何より一番の被害者はフキさんであり、一言フキさんに詫びてほしいと思うのは、私の高望みなのだろうか。

私は、この事実を看護部長に進言することにした。そして看護部長に全ての経緯を話したところ、看護部長はまず詫びを入れられ、聞き取りをして明後日に報告をくれるという。

その後、約束通り看護部長から連絡が入った。

「昨日（退院の翌日、全身の浮腫で受診した）、褥瘡を見ましたが、あまりのひどさにショックを受けました。すぐに全病棟の師長たちを集め指導しました。フキさんが入院していた病棟師長には、病棟の看護師たちに聞き取りをして、その事実を施設に報告する義務があるということを伝えました」という内容であった。いま、これを書いていても憤《いきどお》りが収まらない。

人間は誰しも過ちを犯《おか》すものだ。そして、それを素直に認め、非を詫び、今後その教訓を生かしてこそ人間としての成長に繋がるのだ。その長たるものが、非を認めないことが、職員を庇うことになるとでも思っているとしたら、思い上がりもいいところだ。長たるものは、スタッフの非を詫び、スタッフにその姿を見せることこそが、スタッフの成長を促すものである。でなければ、せっかくの成長の機会を台無しにするばかりか芽を摘むことになるのだ。

フキさんが退院してから三日後、褥瘡の処置に行った時、右足底のドレッシング貼付箇所に違和感を覚えてドレッシング剤を剝ぐと、皮膚が破れて血膿《ちうみ》が流れ出てきた。こんな状態の時は、壊死《えし》した皮膚《ひふ》を削り取らなければ、そこに膿《うみ》が溜まってしまう。二センチ×三センチ大の皮膚を削り、消毒してから抗菌剤を塗布し、その後も同処置を続けるように看護師に依頼した。その日から四日ほど経った頃には順調に治り、綺麗な状態の皮膚に変化していた。

その後、施設回診の際に他の褥瘡も含め、医師に見ていただき今後の対処をうかがったところ、右足底はどのような対処をしたのかと尋ねられたので、同伴した施設看護師が今までの経過を伝えた。すると医師から「自分たちが勝手なことをしたのだから、自分たちで考えて対処すればよいじゃないか」と言われたそうだ。後でその報告を受けた私は、医師に同伴していた病院看護師に連絡を取った。そして、私が最初に見た時の褥瘡の状態、それに対しての判断および私の取った方法と処置を詳しく伝えた。すると、「よくわかりました。回診でそのように筋道だててきちんと説明してくれれば良かったのに、説明がまとまらなくて全く要領が得られず、医師もあのような言い方になったのだと思います」とのことであった。

褥瘡に対しての処置については、医師の指示の下に看護師が行動を取らねばならないことは百も承知だ。しかし、施設においては病院とは異なり、すぐに医師の判断を仰ぐわけにはいかない。とりわけこの施設と協力病院との取り決めは、まずファックスで情報を伝える。そしてそれに対しての返答を待つという連絡方法を取ることになっている。しかも、その方法では、場合によっては朝依頼したことに対する返事が夕方になることだってある。であるならば、フキさんのあの状態を長時間そのままにしておくのかということになる。

　医師と直接話すことが禁じられているため、病院の看護師を通してのやり取り、あるいはファックスでの指示依頼に対して病院看護師を通しての返答。どう考えてもロスが多すぎる。これをなんとかしないと仕事がはかどらないばかりか、利用者を長時間苦しめることになる。この方法の再考を今までに何度も何度も依頼しているが、未だに進展が見られない。けれど懲《こ》りずに言い続けるつもりだ。

　他者に物事を伝えるのに確かに得手不得手がある。また聞く側は、自分の解釈でわかったつもりになる。話を上手く伝えられる人は、相手の理解した内容とそれほどの相違は生じない。しかし、話の上手くない人の場合、自分の伝えた内容と相手の理解した内容に大きな相違が生じることがある。これが、単なる日常での会話ならそれほど大きな問題とはならないが、こと医療に関することとなると話は違う。

　上述した回診時の施設看護師の伝えた内容が、相手（医者）に上手く伝わらずに気分を害してしまったわけだ。このことは、職員と家族間においても言えることだ。職員が、「あの家族は変だ。自分勝手だ」という家族に改めて話を聞いてみると、職員の伝えたい内容が伝わらず全く異なる理解をしていたために、お互いが悪感情を抱いてしまったという事例には事欠かない。職員としての仕事に対する任務はもちろん大事なことではあるが、それと同じくらい相手に伝えるというスキルも大事なことだ。

大きなミスと小さなミス！

私がこれから書くことを読んで、「そんなことありえない」と思うのは、一般社会の人たちであろう。「さもありなん」と思うのは、医療に携わる人達であるかもしれない。

特養では、概して週に一～二度の嘱託医による回診がある。この施設では週に一度、重篤者や体調の芳《かんば》しくない利用者の診察を請い、また臨時の処方を受けたり下剤や鎮痛解熱剤の処方を依頼している。

ある日の回診で、ある利用者の眠前薬について担当看護師が医師に相談を持ちかけた。というのもその利用者は、夜間おぼつかない足取りでよたよた歩き回りながら奇声を発するために周囲の利用者への影響が大きく、また転倒の危険性があったためである。医師は、向精神薬を処方した。しかし、それは全く功を奏せず、次回の回診時に新たな薬が追加処方された。ところが、今度はこれが効きすぎ、その利用者は翌日になっても終日ウトウトし、自分で食事を摂ることさえままならなくなってしまった。

次いで変更された薬では、余計に凶暴性が増し、手がつけられなくなりまたもや変更された。それでやっとなんとか折り合いがついたという経緯がある。当然医師はこの薬の継続を指示した。ところが、なんと薬局から届いた薬は、以前服用していた効きすぎたものに変更されていたのだ。処方を取り扱っている薬局に問い合わせると、医師からの処方はこれで間違いないということであった。そこで早急に医師に確認の電話を入れたところ、医師の処方ミス（記載ミス）であることがわかった。これで一安心と思いきや、同日にまた新たな出来事があった。

薬局から届いた薬と薬情報を照らし合わせ間違いがないか確認を取っていた看護師が、「××さん（先ほどとは別の利用者）のインスリン量が減量になっているけれど、回診時に医師がそう言っていた？」と、回診に付き添った看護師に尋ねた。

「いいえ、そんなこと一言も言ってないわよ。××さんの血糖の検査は最近していないから減量になるわけはないと思うわよ」と、答えていた。

これについても薬局に問い合わせたところ、減量の処方になっているとの返事であった。またまた医師に確認を取る。結果は、減量せずに現状のままを継続してほしいとのことであった。看護師が気付いたから良かったものの、処方通り私たちが実施していると……。

背筋が凍る!

それから時を経ずしてまたもや考えられないような出来事があった。九十三歳の利用者に体調変化を認めた。家族は入院に懲りて、全て施設内での対応を希望していた。この利用者は、両上肢の拘縮《こうしゃく》(関節の可動域が制限され、屈曲・伸展が困難になる状態)が著しいため微動だに出来ず、言葉も全く失っていた。また、時々意識消失を起こしてはいたが、すぐに回復して大事に至ることはなかった。しかし、今回の意識消失は時間が長く、加えて喘鳴《ぜんめい》が激しく「肺炎」が予想された。この状態で受診するにはあまりにリスクが高いため、利用者の状況と家族の意向を記したファックスを送った。医師からは採血して病院に届けるようにとの指示が出た。

医師は血液検査の結果とファックス内容を踏まえ、一日一本の点滴の中に「気管支拡張剤」と「去痰剤《きょたん》」を注入して実施するようにと三日分の処方をした。そして三日間それを実施したが、利用者の状況は好転せず全身の浮腫も認めた。呼吸は荒く喘鳴も続いていた。心臓も肺も顕著に機能低下を起こしているであろうことは容易に想像できた。そのような状況下、引き続きの指示を仰ぐためにファックスを送った。

私はそこに「利尿剤」か「強心剤」を加えていただきたい旨を記した。しかし、聞き入れられず前回同様の点滴の処方がされた。それを病院までもらい受けに行き、三日分の点滴が届いた。点滴ボトルに入れる内容物は、これも前回同様の「気管支拡張剤」と「去痰剤」であった。ところが、「去痰剤」は本来なら三アンプルなければならないところだが、一アンプルしか用意されていなかった。つまり「去痰剤」のみ二日分不足していたのだ。

すぐに外来師長に連絡を入れた。

「先刻届いた点滴三日分の件ですが、『去痰剤』が一アンプルしかありませんでした」

「えっ、そうですか。では明日にでも取りに来ますか?」

「明日は、人員不足で行くことは出来ません」と答えた私の胸のうちは、「何でこちらがとりに行かねばならないのよ。間違ったのはおたくでしょうが」という怒りがうごめいていた。

「……では、こちらがなんとかします」との返事であったが、明らかに気分を害しているのが伝わってきた。

「一アンプルだけ使用し、残る二日間はそれがなくてもかまわなければ、持ってきていただくこともないと思いますが」という私の言葉を聞き終わるやいなや師長から、「先生と相談します」という返事だ。その後、

「じゃあ、三日間『去痰剤』なしで実施してください」そこで電話が切れた。

〈不要な処方をしていたということか〉。もう呆れ返って返す言葉が見つからなかった。

これら三件ともたった二日の間の出来事であり、しかも全て同一医師が関わっていた事柄だ。

以前に群馬の病院で、腹腔鏡下で肝臓の手術を行い、不幸な結果を招いたというニュースはまだ耳新しい。しかも、執刀医は全て同一の医師であったとの報道である。このニュースと実際施設で起きた出来事が、私の頭の中で錯綜《さくそう》している。

片方では、大きなミスのために患者を死に至らしめ、一方では小さなミスではあるが未然に防げた。仮に、この小さなミスを見逃していたとしても、利用者は決して死に至ることはないであろう。

しかし、今回施設で起きた一つ目の事例の利用者が、以前の薬を服用することになっていたとすれば、利用者は無気力状態になっていたであろうし、二つ目の事例の利用者にインスリンの量が減量されたまま投与を継続されていたとすれば、糖尿病の悪化に繋がったであろう。

施設の利用者であれば、職員の確認によって異常を早く見つけることは可能だが、在宅の人であれば医師の指示を守り、挙句「認知症だから」とか「年齢が高いから」とか「薬が効きにくい体質かも」とかいうように、現れる症状を本人のせいにされてしまうかもしれない。

大きなミスだから許されないが、小さなミスは許されるという問題ではない。医師としての姿勢がどうであるかだ。自身の名誉や権威を守るのを第一義的に考えるならば、あるいは相手が物言わぬ人や高齢者だからと真剣に向き合うことがなければ、大きなミスだろうと小さなミスだろうと、それを見逃すような自分を許してしまうであろう。だからこそ、同じ医師による同じミスが起きてしまうと思うのだ。

私たち看護師は、保助看法（保健師助産師看護師法）により例外や特例を除き、基本的には医師の診断による処置しか認められていない。つまり、「医師の指示の下……」という言葉で縛られている。したがって私たち看護師は、薬を処方することも診断を下すことも許されない。しかし、医師の判断に明らかに「変だ」と思われる点があったならば、毅然《きぜん》と意見する権利・義務があるのだ。

時として「医師が言っていますから」とか「医師の指示ですから」とか平然と言ってのける看護師の姿を目にすることがあるが、私たち看護師は、患者や利用者それに家族の代弁者でもあるはずだ。であるならば、その代弁者として「おかしい」と感じ、それがその人達に益をもたらさないと考えたならば、医師に対しても堂々と意見を言ってもらいたいものだ。

第五章

連携の不備

連携の必要性に関して、異を唱える者は皆無であろう。家庭であれ職場であれ、共同で物事をなしえようとする際には、必ず連携が必要となり、誰しも一度や二度連携のまずさによる失敗を経験しているのではなかろうか。

この原稿を執筆する数日前の出来事である。

在宅で生活している療養者の在宅医が家族の意向を汲んで、急変時に搬送する病院を確保し、そのことを家族はもちろん訪問看護師にも伝えていた。ある日の深夜二時に、突然その療養者が心肺停止を起こした。慌てた家族は訪問看護師に連絡を取った。看護師は救急車を呼ぶようにアドバイスし、翌日ステーションに出勤してから在宅医に昨夜の経緯を報告した。それを聞いた在宅医は、この療養者の急変時は自分にも連絡するように言っていたし、搬送先の病院まで決めていたのに水泡に帰したと烈火のごとく怒ったのだった。救急搬送先の病院名は家族も知っていたが、気持ちが動転してそこまで気付けなかったために、救急隊の搬送した病院は、在宅医が探しておいた病院とは当然異なった。

一方、看護師は救急車を要請すれば、当日は医師に報告する必要もないと判断し、また自分も訪問しなかったのである。このように、連携が取れていたとしても、何か事が起これば、そこに個人の判断が入り、事態は思わぬ方向に進展してしまうこともあるということだ。過去に、以下のような出来事があった。

　特別養護老人ホームの介護員が退勤間近に、ある利用者をトイレまで連れて行き、排泄《はいせつ》の準備を整え、排泄が終わった頃合いを見計らって介助に来ようと思い、一度その場を立ち去ることにした。そしてその間、こまごました雑用をこなし、利用者のことをすっかり忘れて退社してしまった。それから一時間ほど経った頃、利用者の不在に気付いた他の介護員は、利用者を探しまわった挙句、便器に座っている利用者を発見したのだった。この利用者は、一人ではトイレにも行けず、他者を呼ぶ術《すべ》を持ち合わせていなかったために、一時間もそこに座っていたのだろう。何事もなく無事に保護できてよかったものの、仮に利用者が動き回っていたとしたら大惨事を招いていたであろう。トイレに誘導した介護員は、元々連携の必要性を認めていなかったわけではない。必要性は十分理解していながらも、自分で全て対処しようと考えたがゆえに、他の介護員に伝えることがおろそかになったのだ。

　さて、「連携」について看護師の立場から見ると、連携を取る相手は家族に始まり、医師、介護職員、栄養士、それに薬剤師や事務職員など多くの職種の人たちが挙がる。中でも、他の専門職の人たちとの連携はとても重要だが、いざ行うとなると難しい。しかし、この連携が機能しているかどうかは、地域で生活する在宅利用者や施設で生活する利用者にも影響を及ぼす。たとえば、次の例がそうだ。

輝美さんを特養に迎えるべく、現在入所している老健に面会に行った。ちょうど理学療法士がリハビリを行い、平行棒を使って歩行練習していた。その後、老健の看護師から輝美さんの施設生活などの情報をいただき、食事の様子を見ようと輝美さんの部屋に移動した。すると、自室の前で車椅子に乗った輝美さんと出くわした。

「リハビリでは歩けと言われるし、看護師さんは車椅子を練習するように言う。一体私はどうしたらいいの」と、私に助けを求めた。この謎はすぐに解けた。老健からいただいたサマリーには、理学療法士の目標は「歩行器で歩ける」であり、看護師の目標は「車椅子を上手に乗りこなせる」となっていたのだ。つまり専門職間で目標が異なっており、そのために利用者が混乱するという現象を生んでいたのだ。

以上のように、連携の必要性が理解できていたとしても、連携を実行するためには多くの要因が含まれているということを改めて認識する必要があろう。

職員同士の行き違い

十二月三十一日の大晦日。午前中に勤務していた看護師二名が退社し、午後からは私一人となった。平時なら少なくとも三～四名の看護師が終日勤務しているのだが、年末年始においては極端に少なくなる。一〇〇名の利用者を把握しきれていないパート勤務の私でも、介護員にしてみれば看護師がいるというだけで、安心するだろうとの思いで一日勤務を引き受けたのだった。

さて、午後四時頃、以前から介護員に依頼されていた利用者の爪を切っている時、「岡本かなみさんが急変です」と、血相を変えた介護員が呼びに来た。すぐに駆けつけた時には、かなみさんはフロアの床に寝かされていた。意識なし、脈拍一二〇で顕著な不整脈、しかも強烈な便臭、血圧は変化なし。熱はなさそうだ。

「とにかく自室に戻しましょう」と私は介護員に指示した。

介護員は四人がかりで、出来るだけ振動を与えないようにしてかなみさんを自室に運んでくれた。私はオシメ交換を指示した。あふれんばかりの下痢《げり》便だった。更衣を終え、しばらくしてからバイタルを測定した。血圧は変化なし、熱は平熱、脈拍は相変わらず一二〇、酸素飽和度は八〇パーセント前後、前胸部の肺雑音は認めないが背部からの雑音が軽く聴取される。意識は戻らない。

「酸素二リットル流しましょう」と私が指示したところ、「でも、医師の指示が必要ではないですか?」と側にいた介護員が聞いてきた。

「いいよ、後で連絡しておくから」とは言ったものの一応、協力病院の許可を得ることにした。

ここで、少しかなみさんの紹介をしておこう。

かなみさんは半年前に老健からきた認知症の人である。入所当初から一日四回ほどの下痢《げり》便があり、あらゆる整腸剤を試みたが一向に好転していないということを、かなみさんの入所後一カ月ほどして知った。また頻回な下痢による低栄養状態の改善を目的として、経腸栄養剤（エンシュアリキッド）を飲んでいただいていることもわかった。そしてまた、かなみさんは自歯が揃っていて嚥下状態もそれほど悪くはないのに、「ミキサー食」を摂っているということも知った。

そこで、私は担当看護師に、「エンシュアを中止し、また食事形態をアップして試してみてはどう？」と、助言した。というのは、エンシュアリキッドはあまりに高濃度なので下痢をする人も少なくないことと、ミキサー食は水分が多くて余計に下痢傾向になることがあるからである。実際、前施設でも「ミキサー食」を常食に変更して下痢が止まったという経験がある。案の定、その後かなみさんの下痢が徐々に良くなっていったのだった。

それから二カ月ほど経った頃、かなみさんの両下肢に浮腫《むくみ》が現れ、少しずつひどくなり浸出液まで出だしたのだ。回診で診てもらっても、これといった指示がなかった。

日頃かなみさんとはあまり接触のなかった私は、ある日処置に回って仰天した。一カ月前に見た同一人物とは思えない変貌ぶりであった。顔は浮腫のために丸くなり、両上下肢はおろか胸背部まで浮腫が来ていた。これが十二月二十日頃であった。

その週の回診でやっと「利尿剤」が処方された。しかし、一週間経ってもあまり効果がなく、嘱託医に連絡を取った。これが十二月二十九日のことである。医師からは、前回処方された「利尿剤」の増量の指示が出された。しかし、私はその薬剤ではあまり効果を発揮しているとは思えず、また全身の浮腫が顕著であることを強調した。すると医師は、採血結果で判断するというので、すぐに病院に血液を届けた。そしてその日の夕方、受診に連れて来てほしいという連絡があり、かなみさんを病院に運んだ。私はその後の経緯を後日聞くことになったのだが、栄養失調（総たんぱくの低下）という診断の下、エンシュアリキッドの処方を受けていた。

さて、話を三十一日の大晦日に戻そう。まず、協力病院に連絡を入れた。あいにく当直医は耳鼻科の医師であり、ベッドも満床だという冷たい返事だった。私は、とにかく酸素吸入の許可をいただきたい旨を伝え、とりあえず了解を取り付けた。

次に、身元引受人である娘に連絡を取り、施設に来てくれるよう要請した。時間は午後五時頃になっていた。それから三〇分ほど経って家族が到着した。その間に私は、かなみさんを見に行った。酸素飽和度は八八パーセントまで回復し、脈拍も一〇〇前後になり、何より呼名反応（意識レベルなどを見るために名前を呼ぶこと）が戻っていた。

家人には以下のような説明をした。

「このたびの症状は多量の下痢によるショックなのか、あるいは何らかの理由によるショックで下痢になったのかは判然としませんが、ショック状態であることに変わりはありません。年末年始に入ったため、救急搬送するにしても、提携病院は満床で受け入れられないということなので、どこの病院に搬送されるかわかりません。かなみさんの場合、全身浮腫があり、初診の病院では最初から検査をやり直すことになるでしょう。先日の検査結果では栄養失調という診断でしたが、カリウム値が低いことが気になります。これは低くてもまた高くても心臓に支障を来す恐れがあります。したがって、仮に施設でお預かりする場合は『心停止』にもなりかねません。今説明したことを考え合わせた上で、入院するかあるいは施設で対応するのかを判断願いたいのです」と、詳しく説明した上で家族に決断を委ねた。

家族は真剣に私の説明を聞いてくれ、出した結論は施設での対応に任せたいということであった。

以上の経過を記録し、かなみさんの属するユニットリーダーに報告すると共に、夜間の対応をこまごまと指示した。それから、明朝の食事は酸素飽和度が八五パーセント以上で血圧一〇〇ｍｍＨｇ以上なら食べていただき、そうでなければ看護師の判断を仰いでほしいということも伝えた。そして帰宅の途に就いた。

最寄り駅に着いた途端、携帯が鳴った。オンコール対応（呼べばすぐ来ること。待機していること）の看護師からだった。その内容は、介護主任が私の携帯番号を教えてほしいと言っている。理由は、かなみさんの血圧が下がった場合どうするのか、また酸素飽和度が下がった場合どうするのかを聞きたいからだそうだが、教えていいかどうかということであった。

〈なんてこと！　あれほど念入りに説明し、また明朝までの詳しい指示を出しているのにどういうことなんだ！〉

とにかく、帰宅までには二〇分くらいかかるからと言い置き、携帯番号は教えてくれても結構だと言って電話を切った。

自宅に着いた途端、介護主任から待ってましたとばかりに電話が入った。

「かなみさんが、仮に今晩お亡くなりになった時にはどうすればよいのでしょう。〇〇病院（施設の協力病院）の当直医は耳鼻科だというし……」と言う。この件に関しても、帰宅間際に、相談員に伝えたことだ。

「耳鼻科の医師であろうとなかろうと協力病院だから、そこに連絡すればいいのよ。たとえ耳鼻科でも『死亡診断書』くらいは書けるから。ところで聞きたいことはそれだけ？」と尋ねると「はいそうです。」と言うではないか。

〈オンコール対応の看護師と介護主任の行き違いは一体どうなってるんだ。『連携、連携』と言いながら、これでは『連携』も何もあったもんじゃない〉

後日、この行き違いを確かめるべく介護主任に話を聞いたところ、

「施設の協力病院が以前は〇〇クリニックでした。その頃、年始に利用者がお亡くなりになり連絡を取ったところ、『死亡診断』は書けないと言われました。そういうことがあったので、

確認しておかなくてはと思い、（筆者の）電話番号をオンコール当番の看護師に尋ねました。するとと看護師から、何のために必要なのかと問われたので、かなみさんの状況と今お話ししたことを伝えました。かなみさんの急変時における対応については（筆者の書いた）指示書を読んでわかっていましたから」と言うではないか。これを聞けば、私の電話番号を知りたいという理由も頷ける。

一方、看護師はその時のかなみさんの状況を聞き、現在の状態（酸素飽和度が低い・脈拍が多い）より悪くなった際どうするかという質問内容に置き換えてイメージし、それが先行してしまった。その結果、介護主任の聞きたかった肝心の「死亡した際の手続き」が、どうも頭から抜け落ちてしまったのであろう。それにしても、とんでもない大晦日となってしまったのであった。

周知の通り、認知症を患う人は自己の意思表明が阻害される。気分が悪くても、それを表現する手段を持たないために、突然嘔吐や下痢等として現れる。だから、私たちは利用者の顔つきや活気などでその人の内面を推し量っている。

かなみさんも同様に自分の思いを表現できない人であった。そのかなみさんが、低栄養ということで、「エンシュアリキッド」を飲み、逆にそれが下痢症状に拍車をかけ、中止することで下痢は治まった。それなのに、再度「エンシュアリキッド」が処方された。今回のショックは「エンシュアリキッド」による下痢によるものだと十分考えられる。しかし、職員の誰もがその経緯を覚えていなかった。

人間の記憶は永久ではない。経験したこと全てを覚えているわけではない。だからこそ私たちは、記録という手段でそれを残している。しかし、かなみさんの個人ファイルを見ても、過去の経緯が全く載せられていなかった。それもそのはずだ。その記録は、パソコンの中にあったのだから。かなみさんの記事を遡《さかのぼ》って読み続ければ、その情報に行き着く。しかし、その行為は無謀といえよう。「〇年〇月〇日にその事象が起きた」とあらかじめわかっていれば、瞬時にその情報が手に入る。しかしそうでなければ、遡って順次読んでいくしかないのだ。したがって、時代と逆行することになろうが、私は看護記録は、やはり紙ベースに残しておかねばならないと考える一人である。

オンコール対応の看護師と介護主任の行き違いが、なぜ生じたのであろうか。私たちの生活は、会話を通じて成り立っているといっても過言ではない。たとえば、ある人と一時間ばかり会話をしたとしよう。そしてその後で、その人の言った内容を全て記憶しているかといえばそうではない。自分の印象に残った事、あるいは大事だと思ったことが記憶として残っているに過ぎない。したがって、看護師にしても自分が重大だと思ったことが記憶に残り、私に伝えたといえるだろう。ここに、反復・復唱・確認等で、ずれの修正を図るという重要性が生じるわけだ。

連携のひずみの原因

美代子さんは、持病に「喘息」を抱えていた。このたび、三九度の熱を出し、それと共にひどい喘息が発症した。酸素飽和度は七八パーセントと低く、受診した結果、即入院を勧められた。とはいえ、協力病院はあいにくの満床ということで、同じくらいの規模の某病院を紹介され受け入れてもらえた。

ところが、その五日後に美代子さんの家族の元に施設の協力病院から電話が入った。その内容は、ベッドに空きが出来たので明日にでも「寝台車」を使って転院するようにとのことであった。そこで家族は夜遅く施設のユニットリーダーに、美代子さんの移送を施設で行ってほしいと申し立て、それを聞いた相談員は要領を得ないまま、翌日某病院まで美代子さんを迎えに行き、施設の協力病院まで送り届けたという。

このような場合、つまり病院から病院への搬送は家族に責任を持ってもらうことが少なくない。しかも、美代子さんの転院のことを、病院から施設側の誰も知らされていなかった。これこそ大いに問題である。

美代子さんは特養に入居されている人で、特養は美代子さんにとって「生活の場」であり「終《つい》の棲家《すみか》」でもあるのだ。現実に美代子さんが退院して帰るところは施設以外にはないのだ。

それにもかかわらず、協力病院は施設に何の連絡も取らずに事を運んだ。このような施設無視の病院のやり方に対して憤りを禁じ得ない。

美代子さんが協力病院に移ってから約一カ月後、その病院から施設利用者の回診に来た医師から、「美代子さんの状態が落ち着いたので退院の方向で進めてゆく」ということを回診に同伴した看護師二人が聞いた。そこで、相談員に美代子さんの退院日の調整を家族とするように依頼したという。この日は水曜日であった。家族と相談の結果、美代子さんの退院は金曜日に決定した。そこで、看護師は翌木曜日の早朝に美代子さんの入院している病棟に連絡を取り、金曜日の午後退院させていただくことを病棟ナースに伝え、病棟ナースも了解した。

ところがなんと木曜日の午後、病棟師長から電話が入り、美代子さんはまだプレドニン（抗炎症作用があり炎症反応の抑制に使われる。適応となる疾患は多くさまざまな診療科で使われる）入りの点滴を受けているし、肺にも影が残っている状態なのに、退院を急ぐ理由があるのかと詰問されたのだ。看護師は、水曜日の回診で医師が退院の許可を出したことを伝えたが、結局退院は延期された。それからが大変だった。相談員は大急ぎで家族に連絡を入れ、事の顚末を説明して了解していただいた。

一方、納得のいかない看護師は、回診に来られた医師に話をうかがうべく電話を入れ、事の成り行きを説明したところ、「状態は落ち着いているので退院の目処を立てている。しかし、昨日の回診時は『そろそろ退院の方向で考えよう』と言ったが『退院してよい』とは言っていない」と言われ、施設看護師の言い分との食い違いが起こった。こうなれば水掛け論となる。実を言うと、美代子さんの主治医は「理事長」であり、回診に来られたのは「院長」で、この二人の関係はあまり良いものではないという噂があるが、いずれにしろ、それに振り回される周囲にしてみればたまったものではない。

さて、翌日の金曜日のことだ。美代子さんの入院病棟から、美代子さんの退院許可が下りたという電話が入った。それを聞いた私たち誰もが耳を疑った。昨日は、プレドニン入りの点滴が継続中であり、かつ肺にも陰影が残っているという説明ではなかったか。それが翌日になって退院の許可が出た。まるで漫画の世界だ。しかも病棟の言い分は、「もうほとんど症状が消えています」という説明に変化していたのだ。こうなれば、あまりにもばかげた話で笑うしかない。専門職でなくても、きっと「おかしい」と思うだろう。またまた相談員は大慌てで、事の成り行きを家族に伝えた。そしてその翌日、家族から施設の看護師に電話が入り、「一体どうなっているんや」とえらい剣幕《けんまく》で怒鳴り、一方的に話し、看護師の言うことには全く耳を貸さなかったそうだ。

病院の理不尽なやり方に業《ごう》を煮《に》やした看護師は、これまでの経緯を施設長に報告した。一方、美代子さんの家族からも施設長宛てに電話が入り、これまた一方的に不手際を責め立てたそうだ。そこで施設長が相談員に、「なぜあんなおかしな家族とわかっていながら利用者を入居させたのだ」と、厳しく叱責したのだ。

ところで、美代子さんの家族は入居料を六カ月も滞納しており、今後も払ってくれるかどうか怪しいという前提があった。従って施設長としては、そのような家族に罵倒《ばとう》されたことがよほど悔しかったのだろう。金銭的な負い目を家族が抱えていたのなら、大概は遠慮という気持ちを持って然りだろう。ところが、美代子さんの家族に限っては、そのような感情をかけらも持ち合わせていないと見える。このように二転三転しながらも美代子さんは、月曜日に施設に戻ってきた。

美代子さんの立場から考えてみる。

病院からは「物扱い」され、家族からは利用料も払ってもらえず、さらにこれからお世話にならねばならない施設との関係をややこしくされた。これではたまったものではない。理事長と院長の人間関係は、利用者にとっては全く関係のないことであり、利用者の病状を中心にした方向性ではなく、内輪もめを重点にした方向性で、「入退院」を決められるということは、「物扱い」としか言いようがない。病院・医者・医療とは一体なんなのか、また家族とは一体なんなのかとも言いたくなる。美代子さんの家族は決して貧しいとは言えない。身元引受人である長男は、名前の通った会社に今も勤めている。それにもかかわらず六カ月間の施設利用料を払っていないとはどういうことなのか。

小学生の親が、「義務教育」を盾《たて》に給食費を払わず教員が困っているという話も耳新しい。

美代子さんの家族の家庭事情は詳しくはわからないが、仮に「給食費不払い問題」と同様だとすれば、「逃げ得」ということになる。病院からは、「ベッドコントロール」や「人間関係のひずみ」の犠牲にされ、家族からは「価値」を認めてもらえず、これでは利用者が気の毒だ。

ここで少し「価値」について触れてみようと思う。私たちは、服を買う時やレストランで食事をする時、服や食べ物の代償として代金を払う。この代金の意味は、自分にとって「服」が価値のあるものと認めたからであり、食べ物の代金もまた然りである。美代子さんにとって施設生活が「価値あるもの」だと家族が認めたのなら、そこには当然代償としての「コスト」が発生することになる。それを払わないということは「施設生活」を否定していることになる。しかしこのことは、「施設」の価値を認めていないということではない。なぜならもし「施設の価値」を認めていないならば、すぐにでも退所して異なった施設に入居すればよいからだ。だとすれば「美代子さんそのものの価値」を認めていないということだ。「価値のないもの」に対して搬送費や入居料を払うことは出来ないからだ。

施設は社会福祉法人として国から任された福祉の専門機関である。「福祉」であっても「施《ほどこ》し」ではない。いただいた利用料でサービスを提供し、その代価として従業員は給料をいただくわけである。「施し」であれば、そこには金銭の問題は発生しない。そして、福祉施設と言えども「施し」の機関ではない。混同してもらっては困る。

利用料を滞納していれば、大概の家族は「負い目」を持ち、遠慮という感情が生まれると先に書いた。また美代子さんの家族には微塵《みじん》もそのような気持ちはないとも書いた。自分の失敗は棚に上げて、人の失敗を責め立てる人がいるが、美代子さんの家族もその類《たぐい》だ。「美代子さんの価値」を認めてないくせに、事が起これればそのことだけしか見えず、大上段に責め立てる。まるで美代子さんが自分たちの「宝物」であるかのような振る舞いをする。家族とは本当に「わかりづらく」「不思議な関係」だとつくづく思うのである。

福祉施設の看護師は、「医師」や「病院の看護師」に対して、とても遠慮しているところがあり、また「卑下」している人たちが少なくない。利用者が病気になればお世話になるから、関係を悪くしたくないという気持ちはよくわかる。しかし、だからといって「言いなり」になったり、不条理さを「我慢したり」することが、果たして良いことだろうか。それは違う。意見があればきちっと申し立て、納得できないことがあれば、釈明を求めるという姿勢が必要だと思う。利用者や家族の気持ちを「代弁する」という重大な役割を施設看護師は持っているのだ。

しかし、このことをわかっている施設看護師は決して多くはない。家族に利用者の声を届けるという役割も施設看護師は担っている。美代子さんに関わる経緯を振り返り、病院・施設・家族というややこしい関係を思い知らされた。

想定外の要因

あやこさんの微熱が二～三日続いたため内科を受診した。その日の朝の最高血圧は一〇八ｍｍｈｇであったが、外来では七〇ｍｍＨｇであった。担当した医師は、内科的なものより精神科の薬の影響が大きいと考えて精神科受診を勧めた。というのも、あやこさんは、精神科から「抗精神病薬（リスパダール）」を処方されていたので、医師はその副作用のためだと言うのであった。

そこで、あやこさんに付き添っていた看護師は、施設に連絡を取り、判断を仰いだ。連絡を受けた看護主任は、あやこさんが通院している精神科に電話をして状況を説明したところ、あやこさんの服用している薬には、全くそのような副作用はないという返答であった。そこで看護主任は、あやこさんに付き添っている看護師に、精神科からの返事を伝えた。それを受けて看護師は、担当医師に精神科医の見解を伝えた。そして、原因不明のまま経過観察目的で、あやこさんは入院することになった。

それから五日後、あやこさんが退院してきた。その際、病院から持参した薬には、入院前に服用していた「降圧剤」二剤がなくなっていた。病院からのサマリーには、点滴により体から薬剤の解毒をはかる治療をしたというような内容が記されていた。帰り支度をしている私のところに看護師がやって来て、一度あやこさんを見てもらいたいと言った。看護師と共にあやこさんの所に行ったところ、あやこさんは、大口を開いていびきをかきながら眠っていた。「あやこさん」という呼びかけに、うつろに目を覚ますもののすぐにまた眠ってしまう。退院してきた午後二時から現在の午後五時までこんな状態が続いているのだという。看護師によれば、精神科受診をすべきか、あるいはもう少し様子を見たほうが良いか判断がつきかねているので私に判断を求めてきたのである。

このような状態は「脳卒中」を起こした人に見られることもあるが、あやこさんの場合は、明らかに深い眠りだと判断し、私はもう少しこのまま様子を見るように助言した。仮に、夕飯になってもこのような状態が続いていれば、決して食事を食べさせてはいけないとも付け加えた。はっきり覚醒していない人に食べさせると「誤嚥《ごえん》」のリスクが高くなるからだ。

「それはそうとあやこさんのご家族は退院のことを知っているわよね」と私は看護師に尋ねた。

「はい、たぶん……。いつも退院時には病院のほうで家族にお話しされていますから」と看護師が答えた。

私はこのところ、病院のやり方や医師に不信を持っていたので、

「ならいいけど。念のためにご家族に連絡を入れ、退院してきたことと現在の状態をお伝えしておいたほうがいいんじゃないかしら」と看護師に助言しておいた。

結局あやこさんはその日の夕飯を中止せざるをえず、翌日になっても入院前のような活気が

戻らず、普段どおりのあやこさんに戻るのに二日間を要した。それに、入院前に服用していた降圧剤を全て中止しても、最高血圧は一二〇～一四〇ｍｍＨｇと落ち着いていた。

ここで問題を整理しておこう。

内科医は、あやこさんの微熱と血圧の低下は精神科で処方されている薬だと判断しているが、薬の種類はさておき、薬剤の影響という点で間違っていたかと言うとあながちそうとは言えない。なぜなら、あやこさんは内科を受診する前から降圧剤二剤を長期間服用して血圧がコントロールされていたからである。一方で、精神科医による判断も、あやこさんの服用している抗精神病薬には、そのような副作用は見当たらないので正しかったと言える。

では、なぜあやこさんに血圧の低下が起こったのだろうか。高齢者の特徴として、少しの体調の変化でも他に与える影響が少なくないことが挙げられる。あやこさんの場合は、「発熱」であろう。発熱と血圧は直接的には関係がないが、高齢者の場合、それを無視できないことを私は少なからず経験している。

過去に「胃潰瘍《かいよう》」の診断を受けて以来、「タケプロン（潰瘍治療薬）」を長期間服用し続けている利用者がいた。ある日発熱があってから「下痢」が止まらなくなった。それも一日に七回ぐらいの水溶性の下痢であった。その対処として「整腸剤」等を、手を変え品を変えて試みたが一向に下痢の改善は見られなかった。ところが、「タケプロン」を中止するや否や嘘のように下痢が止まったのだった。それどころか、便秘傾向に至るまでになったのだった。この利用者の場合も「発熱」を見るまでは、「タケプロン」による下痢症状などは全く認めていなかった。

これと同様のことがあやこさんにも生じたのだろう。普段のあやこさんは、降圧剤二剤で血圧がコントロールされていたが、「発熱」が引き金となり、血圧が下がったと考えられる。しかし、担当した内科医は、それに思い至らずに精神科で処方されている薬が原因だと判断した。平たく言えば、「高齢者の特徴」に思いを馳《は》せられなかったということだろう。

話はここで終わりではない。

施設看護師の一人と話をしている時、「あやこさんの左手を訓練している」というような内容が出てきた。詳しく尋ねると、あやこさんの左手の手首から先がどうも麻痺しているようなので、その訓練をしているのだと言う。あやこさんが退院してから五日目のことであった。私は、すぐにあやこさんの所に駆けつけた。

「なんということだ」

あやこさんは「橈骨《とうこつ》神経麻痺」を起こしていた。そこで私が入院前後の聞き取りをしたところ、入院前には全く異常がなかったにもかかわらず、退院後に施設に戻ってきた時には麻痺を起こしていたということがわかった。「橈骨神経麻痺」は、橈骨部位へ圧迫が長時間掛かった場合に生じるものである。では、いつどこで起こったのだろうか。あくまでも推測の域を出ないが以下のことが考えられる。

サマリーには、「拘束」のことは触れられていなかったが、あやこさんに点滴を継続するためには、「動かれては困る」のである。そのためには、「両腕の拘束」が必要となり、麻痺はそれによるものであろう。つまり、両手の拘束による麻痺だと思われる。

ところで、入院前のあやこさんは、施設でも夜間騒ぎ立てるので「抗精神病薬」を服用していたくらいだから、病院では、なおさらその状態を放置できない。したがって、おとなしくなるような薬の服用あるいは注射をしていたと予測できる。そう考えると、退院してきた時点からの異常な睡眠についての謎が解ける。

病院の医療職者にぜひ考えていただきたいのは、「生命を救う」ことも大事だが、高齢者の場合はそれ以上に「生活の維持」の視点も重要だということである。

あやこさんの麻痺は左手でまだよかったが、これが利き手である右だとすれば、すべての生活に支障を来し、食事においてはなおさらのことである。そして、施設看護師は「脳梗塞」による麻痺と「橈骨神経麻痺」は明らかに異なるものだから、少なくともその違いぐらいは知識として持っていてほしい。

内科医は内科的視点で考え、薬を処方する。これは、精神科医にしても同様である。ここに、あやこさんのような問題が生じると自分の範疇でない他科の診断や薬に疑問の目が向き、それが原因だと短絡的に判断してしまう。

しかし、ここで仮にお互いの科（医師）を尊重する姿勢を持っていたならば、他科の担当医に連絡を取り、お互いの視点や考え方の議論に至るはずだ。確かに医師は忙しい。連絡を取っても相手の医師とすぐ話せるとは限らない。だからといって、お互いの交流をおろそかにすると、不利益を被るのはほかでもない患者なのだ。それこそ、医師同士の「連携」を大事にしていただくことを切に願う。

第六章

人生模様

ここで、「虐待《ぎゃくたい》」について少し触れておこうと思う。近年、幼児虐待が世論を賑《にぎ》わせ、社会的なうねりになっている現象がある。同様に、高齢者虐待についても、平成十七年に「高齢者虐待防止法」が成立した。虐待は、「身体的虐待」「ネグレクト（介護放棄）」「心理的虐待」「性的虐待」「経済的虐待」と分類されるが、圧倒的に「身体的虐待」が多く約七割を占める（平成二十七年度「高齢者虐待の防止、高齢者の養護者に対する支援等に関する法律に基づく対応状況等に関する調査」結果）。

一年に一名ほどとごくわずかではあるが、家族から虐待を受けているようなので預かってほしいという依頼があり、緊急入所してくる高齢者もいる。

和子さんもそのうちの一人であった。

八十五歳の和子さんは重度の認知症の人で、ほとんど会話が成り立たずに全てに介助を要した。和子さんは息子との二人暮らしで、息子が和子さんの面倒を見ていた。ところが、最近になって息子の怒鳴り声や和子さんの悲鳴が聞こえるという近隣からの情報で虐待が発覚したのだ。なるほど、和子さんの体の所々にアザが見て取れた。

それでも、和子さんの口からは「帰る」「ご飯の用意をしないと息子がお腹をすかせる」「息子が帰る頃だから迎えに行かなきゃ」と、息子を気遣う言葉がよく聞かれた。ケアマネージャーによれば、本当に仲の良い親子で、息子は独身で早期退職をしてからずっと母親の介護を担い、とても温厚な人であったという。ところが、和子さんの認知症が進行するにつれて息子の介護負担も増大していき、自己をコントロール出来なくなってしまったのであろう。私たち職員は利用者のアザや怪我を見るにつけ、その人にとても哀れな感情を抱き、ややもすれば虐待する側を批判してしまいがちだが、介護する側に思いを馳《は》せることも重要だ。

ある入所者の夫人の言葉を私は忘れることが出来ない。

「それはそれは大変だったのよ。いえ、大変というより地獄だったわ。何かといえば暴力をふるうし、至る所に放尿する。便はこね回して畳にこすりつける。それをやっと洗い流したと思ったら、次にまたしなきゃならないことが出てくる。二四時間その繰り返し。何度この人を絞《し》め殺してしまおうかと思ったことか……」

そういう意味において、「介護保険制度」は大いに利用者を、そしてまた家族を救っていると言えよう。

この夫人も、夫を施設に預けて平穏な生活を取り戻すことが出来、週に一度の面会が可能となった。ここにきてやっと冷静な判断が出来るようになり、

「今ね、あの頃の私は自分というものを失っていたと思うの。夫の『死』ばかり願っていた

……。過酷な環境は思考能力を失わせるのね」と語れるまでになった。

ところで、この夫人のような場合、意向確認書の回答は入所時点と数カ月を経てからのものとでは異なるかもしれない。

また、たとえ同じ回答であったとしても、そこに包含《ほうがん》される意味、つまり「利用者にとって益になるか」という本質を問うて選択したかどうかが異なってくるであろう。平たく言えば、虐待をしてしまいそうな側、虐待する側に意向を尋ねる場合は、その人に正常な判断が出来る環境や時間の猶予《ゆうよ》を保障してあげることが肝要だということである。

人は成長過程において、親からの激しい叱責や体罰あるいは放棄《ほうき》等により、心に暗い影を落とすようになることは周知の事実である。だからといって、その報復に親をないがしろにしたり虐待に至ってよいということにはならない。しかし、そこに新たな難題や課題がのし掛かったとすればどうだろう。自分を冷静に保てなくなった時、人は自分にとって益となるほうを選択することが少なくない。言い換えれば、手の掛かるほうを排他して身を守ることになる。介護などはまさにそれだ。

したがって、私たち医療福祉従事者は、虐待の当事者を非難するよりもその人の心情・苦悩などを汲み取ることが重要なのではあるまいか。人は、一人で苦悩に耐えるより誰かに共有してもらえることで、心の重荷から解放され、ひいては気持ちの切り替えに繋がる可能性も秘めていると思うのだが。

翻弄される利用者

出勤すると、看護師が憤慨していた。昨日、九十歳のツルコさんが体調を崩して入院に至った時点で、ツルコさんのキーパーソンである娘さんに何十回となく連絡を入れたが通じず、電話をくれるように留守番電話に入れたが、結局娘さんと連絡が取れたのは翌日になってからであったという。前年にも同様のことがあり、今回で二度目だとのことであった。今後、同様の事が起こる可能性があるので、常に連絡が取れる体制を整えてもらわないと困るというのが、看護師たちの言い分であった。

ツルコさんに関する第一の連絡先は娘さんであり、第二の連絡先はツルコさんの弟であった。しかし、弟は高齢であり、加えて遠方に住まわれていたので、あまり頼りにならない。

看護師たちの要望を受け、娘さんと面談の約束を取り付けた。しかし、約束の日に娘さんから「今日は行けない」という連絡が入ったため、娘さんの都合に合わせて、相談員と私が娘さん宅を訪問することにした。

私は、娘さんに今回の面談の目的を説明し、またツルコさんに対する医療的対応のご家族の意向をうかがいたいとも伝えた。すると娘さんから、

「昨年夫が大腸がんに罹り手術を受けました。それと同時期に施設から母が入院したという連

絡が入り、自分としてはにっちもさっちも行かなくなりました。私には、母親に全く愛情を注いでもらった記憶はありません。薄情だと言われるかもしれませんが、私としては夫のほうを大事にしたいと思うのです。だから、つい『なぜ母を入院させたのか』というきつい言い方をしてしまい申し訳なかったと思っています。ですが、施設の職員さんには私に連絡が付く時間帯を申し上げていたはずです。私は美容師で、休日は月曜日だけです。それ以外の日は、仕事を終えた午後五時から十時までアルバイトです。したがってこの間に連絡をいただいても、電話に出ることが出来ません」ということであった。

また「度重なる母の入院に辟易しているのも正直な気持ちです。はっきり言って、これ以上母に振り回されたくないのです」とも付け加えられた。

施設の看護師たちは、利用者に少しでも体調の変化があれば大事をとってすぐに「受診」行動を取ることが少なくない。その理由は、施設でなんとか対応できそうな利用者でも、ご家族からの苦情を考えてのことである。しかし一方、施設内での対応を望まれるご家族がいることも事実だ。まさに、ツルコさんの娘さんはそのうちの一人であった。

約二時間、お互いの思いや考えなどを確認しながら話を進め、以下のような結論に至った。

今後、ツルコさんに急変があっても出来る限り施設内対応とし、また、たとえ受診の結果として入院を勧められても、極力入院は控えるという方法を取る。しかし、それがかなわず入院になったとしても、出来るだけ速やかに退院させてもらうように病院に働きかける。「受診」

の判断は、施設の看護師に委ねる。この場合、判断ミスがあってツルコさんがどのような結果になっても一切責任を問わない。

娘さんは最後に、「このような話し合いを持っていただいて感謝します。本来なら母の面会に行かなくてはならないのですが、先ほど申しましたように母からは『母らしいこと』をしてもらったことがありません。本当は縁を切りたいくらいなのです。人様に聞かれたらきっと私が責められるでしょう。でも、老いた母より夫を大事にしたいという気持ちはわかっていただきたいのです。施設の皆様には、感謝しています。どうか母のことをお願いいたします」と頭を下げられた。

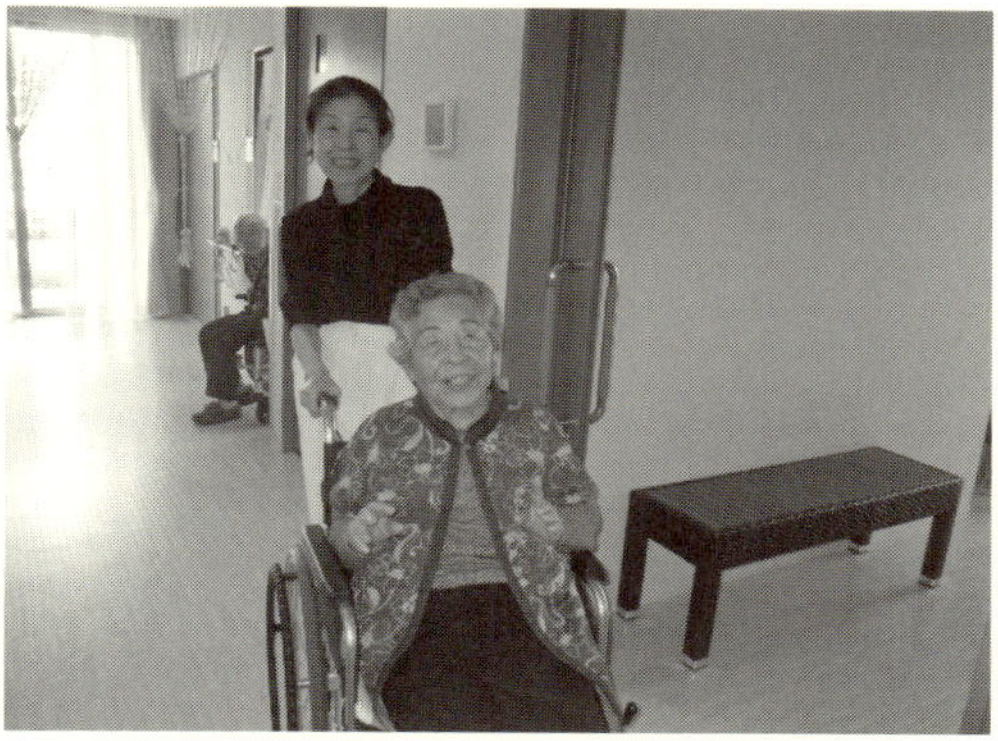

特養が利用者にも家族にも「最後の砦」

私たちはややもすると、「あの家族は薄情だ」とか「あの家族は預けっぱなしで面会にも来ない」とか「あの家族は文句ばかり言って」とか「あの家族は横《おう》柄《へい》だ」とか、私たちの視点や価値観で家族を判断・分析してしまってはいないだろうか。家族には利用者と築いてきた歴史があり、今があるのだ。それを私たちの尺度で測ることは到底許されないことだ。ならば、家族と私たちの溝を埋め垣根を取り払うには何が必要か。「とことん話し合う」ことに尽きる。

治療を終えたツルコさんは無事退院し、施設で平穏に暮らしていた。ところが、その二カ月後、ツルコさんが転倒して左大腿骨を骨折し、またもや入院を余儀なくされ、「骨頭置換術」を受けた。ツルコさんはその一カ月半後に退院し、順調に経過しているかのように見えた。だが、退院して一カ月が経とうとしていた土曜日の夜、三八度の高熱を出すと同時に左大腿部痛を訴えた。ツルコさんは、中程度の認知症があり意思の疎通を図るのは困難だったが、そのツルコさんが、自らの意思で痛みを訴えたのだ。

夜間であり看護師不在のため介護員付き添いの下、整形外科を受診してレントゲン撮影をしたが異常を認めないということでそのまま施設に戻ってきた。とはいえ症状は一向に改善せず、月曜日の早朝病院へ連れて行くことにした。私は娘さんの意向を汲んで、ツルコさんに同伴する看護師に「出来るだけ連れて帰るようにしてください」とお願いした。

ツルコさんは昼前に帰ってきた。付き添った看護師からは、「肺は綺麗で、熱の原因は『骨折』の手術の際に細菌感染を起こした疑いが強く、熱が続くようならすぐに手術をし直したほうがよいと言われました。一応二日分の抗生剤をいただいてきました」と説明があった。それからその看護師は、「医師は手術した大腿部を穿刺《せんし》して、そこに溜まった液を検査に出すと言われていました」とも付け加えた。

「ところで、ツルコさんの尿の検査をしたの?」と尋ねると、「あっ、まだやってません」との返事だった。

「じゃあ、一応調べてみましょう」

そう言って尿を調べると、なんと肉眼的にも明らかな「血尿」であった。当然のことだが、検査結果は潜血反応には強陽性を示し、またタンパクも陽性だった。このことはつまり「膀胱炎」を意味している。側にいた看護師が、「ツルコさんには『膀胱がん』がありますが、治療は受けていません」と教えてくれた。そうだとすれば、この「血尿」は、「膀胱炎」によるものか、あるいは「膀胱がん」からのものか判別が難しい。いずれにしても今日いただいた抗生剤を服用していただき、明日まで様子を見ることにした。次回の受診時には医師に、このことをしっかり伝えねばならない。

私は、娘さんに電話を入れ、土曜日から現在までの経過を説明した。次いで、「膀胱がん」の発症年度の確認をすると、「それは五年ほど前だったと思いますが、それよりも前に……、一〇年ほど前だと思いますが、『尿管がん』になり、左の腎臓と尿管を摘出しています」と答えてくれた。このことは、施設職員の誰もつかんでいなかった。また、入所当初にいただいた病院や老健からの紹介状にも、そのことの記載はなかった。

「病院に行く前に検尿していれば、熱は『泌尿器』によるものか、あるいは『骨折箇所』に関するものであるかがわかったかもしれませんが、いずれにしても抗生剤の効果に期待したいと思います」と娘さんに言うと、「家の事情もありますから極力入院は避けてください」と、以前の面談時と同様のことを言われた。

受診を急ぐあまり、検尿をおろそかにする看護師の気持ちはよくわかるが、仮にツルコさんの熱が「膀胱炎」か「膀胱がん」によるものであったとすれば、大腿部の手術に至らなくて済む。また治療の方法も当然変わってくる。加えてツルコさんの場合、片方の腎臓しか機能していないという事実にも目を向ける必要がある。「腎盂《じんう》腎炎《じんえん》」を起こした際のリスクは、両腎を持つ人よりも断然高くなるはずである。そういう意味において、ツルコさんの「血尿」の持つ意味は決して軽くはない。

娘さんによれば、病院や老健へは「尿管がん」や「腎臓摘出」のことは、伝えているとのことであった。ツルコさんの場合に限らず、入所してずいぶん経ってから病歴を知ることがままある。特養の場合、病院や老健等の施設から移ってこられる人が少なくない。もう少し丁寧な紹介状を書いていただきたいものだ。

月曜日の夜から火曜日の朝にかけてのツルコさんの熱は三八度台であった。そこで、整形外科の医師の指示通りに再度ツルコさんを受診させ、検尿の結果と既往歴を伝えた。すると医師は、もう少し様子を見ようという結論を出し、ツルコさんはそのまま帰ってきた。その日は夕方までツルコさんの熱は落ち着いていた。しかし、火曜日の夜から翌水曜日の朝にかけては、やはり三八度台で推移していた。

木曜日の午後になって、ツルコさんが大腿部の痛みを頻繁《ひんぱん》に訴えだした。見ると、なんとそこは腫れ上がり、明らかに異変を来していた。すぐに整形外科に連れて行き診察を請《こ》うた。するると医師が、「先日穿刺して採った液に黄色ブドウ球菌が検出されたので、入院して経過を見よう」という判断を下し、またもやツルコさんは入院を余儀なくされた。その場で、ツルコさんに付き添った看護師が娘さんに経過を報告し、入院に至ったことを伝えたところ、娘さんから、「こちらの事情もあるのに」と、拒否的な対応をされたと憤慨していた。

週が明けて月曜日、私はツルコさんの娘さんに連絡を取った。私は入院になってしまい力不足であったことをまず謝罪した。娘さんは、ちょうど先刻に医師から話をうかがったところだと言い、医師による話の内容を語ってくれた。その内容とは、大腿部（手術部位）からたくさんの水を抜いたこと（排液除去）、ツルコさんの貧血がひどく輸血を実施していること、再手術の必要があり入院期間は一カ月以上を要すること、また退院後は車椅子生活になること等である。娘さんからは、「いつも気に掛けてくださりありがとうございます」という感謝の言葉をいただいた。

こちらの言い分を伝えることだけに終始してしまうと、相手の言い分を歪んで受け取ってしまうことがある。そして、そこで誤解のまま話を進めてしまうから「話のわからない人」「ややこしい人」「やりにくい人」ということになってしまっている気がしてならない。とりわけ電話対応の際は、「焦らず冷静に、確認しながら」をモットーにしたいものだ。

今回のツルコさんの手術は、埋め込んだ人工骨頭をはずし、念入りな洗浄を行うことになるだろう。九十歳という高齢のツルコさんにとって、二度にわたる手術は体への侵襲も相当なものとなるはずだ。加えて、認知症のあるツルコさんには、より厳しい現実となる。入院一週間後手術が行われ、それから一カ月半が経ち退院の許可が下りた。そこでツルコさんの詳しい情報をいただくために入院先に出向いた。

病院側から、術式および術後の経過の報告を受けた。手術に関しては何のトラブルもなく、順調に経過したとのことであった。ところが、退院日が決まった矢先に予期せぬ事態が起こった。ツルコさんが再三腹痛を訴えるので念のためCT撮影を行ったところ、腹部全体に「がん」があることが判明したのだ。「すい臓がん」は確実で、他の臓器にも転移があるかもしれない。そしてそれだけにとどまらず、明らかに「腹水」が認められるというのである。

ところが、予想に反してツルコさんは元気で入院前と同様に多弁であった。ツルコさんを施設に迎えるに当たり、私は今後の施設での対応や課題を以下のように整理した。

1. 腹水に関しては、週に一度腹囲測定をしながら経過を見、併《あわ》せて食事摂取量を把握する。
2. 疼痛が生じた場合に備え、嘱託医に「麻薬」の処方を依頼しておく。
3. 再度CT撮影を行い、他の臓器の「がん」の有無を調べる必要がある。「すい臓がん」

だけの場合と、他の臓器に「がん」がある場合とでは、予後や症状が異なってくる。
4．抜糸した後の傷は完全に治癒せずに、針頭大《しんとう》の小さな穴が開いているということを踏まえ感染に十分注意を払う。
5．「人工骨頭」抜去後は空洞になり、骨の欠損分だけ短くなり、足の長さに左右差が出る。何より骨間の結合部位がぐらぐら状態となるため、車椅子への介助時やオシメ交換に際してはテクニックが必要となる。
こうしてツルコさんは退院してきた。

三日後、私はツルコさんの傷の包帯交換に行った。抜糸後の小さな穴の周囲に何かしら違和感があり、ピンセットの先をその小さな穴に五ミリほど挿入した。その途端、淡血性の液があふれ出してきた。堰《せき》を切ったようにどんどん流れ出してくる。約一五〇ミリリットル程度の排出があったろうか。

もし、今日私が処置に回っていなかったとしたら……。考えるとぞっとした。体内に溜まった液のためにきっと発熱を見たであろう。

それから六日後、またもや私がツルコさんの処置に回った。前回と同様に縫合部を念入りに押して貯留液の有無を確かめていったところ、やはり違和感がある。ピンセットを軽く挿入した。なんと以前にも増して貯留液が噴出し、あわや私の服にまで飛び散りそうな勢いだった。今回は、以前より量が多く、たぶん二〇〇ミリリットルほどの排出があったと思う。他の看護師に、触診の仕方やピンセットの挿入法を念入りに教えた。今回もあわやというところで惨事を食い止めたことになる。

確かに私は、病院と特養に務めた経験は長い。しかし、今回のような経験は初めてである。では、なぜ他の看護師が気付かないことを、私が気に留めたのか。以下に整理する。

1．人は往々にして、目の前にある現象だけに捕らわれがちである。ツルコさんの場合は、縫合部の小さな穴である。これだけにとらわれていれば、その箇所の消毒だけに終始する。

2．一度でも相当量の排液があったということは、再度貯留してくるであろうという想像力。

3．針頭大の穴からでは、たくさん溜まった液の排出が追いつかないという推理力。

4．皮下は空洞になっているため、一カ所だけ圧迫触診しても見逃す。つまり縫合部周辺を圧迫触診しなければ、どこに液が溜まっているかは判然としない。

以上、1～4を統合して判断できるかということになろう。平たく言えば、現れている現象だけに眼を奪われていては、肝心の重要な部分を見逃してしまうということだ。こういうことは、日常においていくらでも散見される。

利用者の言葉そのものだけを聞いていないか、検査結果だけで判断を下していないか、入浴拒否は認知症状だと決め付けていないか等、現象の奥に秘められた事象にこそ目を向け思いを馳せるべきなのだ。

予断を許さないツルコさんの現状をお伝えすべく娘さんに来ていただいた。そこで娘さんに、大腿骨の骨折後二度にわたる手術を行ったが完治しておらず、現在においても相当量の貯留液の排出があること、また「すい臓がん」によるものかどうか判然としないが、腹水が溜まりつつあり、他の臓器への転移も否定できないことの説明を行った。

「このようにいくつものハンディを抱えていますので、いつ急変が起きるかもわかりません。そこでその時の対応ですが、当初おうかがいした通り施設で出来る範囲の対処ということでよろしいですか？　また、『看取り』を施設で希望されるということでしょうか？」と尋ねた。

「はい、ぜひそのようにお願いいたします」と即答された。それから間髪入れずに、

「『看取り』までお願いするとなると経費はどれくらいかかるのでしょうか？　経済的にちょっと……」という質問が来た。

私はかねてから疑問に思っていたことを尋ねることにした。

「『看取り』までさせていただいても特段費用がいるわけではありません。それより差し支えなければ教えていただきたいのですが、あなたは日中は美容院を経営し、夜にはアルバイトをなさっていると以前おうかがいしました。単純に考えるとそれほど家計が苦しいとは思えないのですが。お子様も成人なさっているし……、家のローンでも……」と不躾《ぶしつけ》な質問をした。

「ローンはありません。夜のバイトはスーパーのレジ打ちです。母親の残した借金に多額のお金が必要でした。これは夫が出してくれたのですが」との返事。

「そうでしたか……。で、おいくらくらい？」と、これまた不躾な質問を重ねた。

「五〇〇万円です。三人の子どもはすでに社会に出て働いていますので、私の経営するお店での収入で生活はやっていけます。アルバイトのお金は私の心のゆとりのためのものです。以前お話ししましたが、私は母親らしいことをしてもらったという記憶がありません。母は、私が三歳の時に離婚し、私は祖母に育てられました。母親はその後水商売をするようになったのですが、派手好みなので金銭的にいつも困っていたようです。そして私が九歳の時に母は再婚しました。しかし、母の性格は直らずに、気が付いた時には、私が借金を払う羽目になっていたのです」

「そうでしたか。辛い体験を話してくださってありがとうございます。ところで、以前おうかがいした時に、確かご主人は『大腸がん』の手術を受けたとお聞きしましたが、その後の調子はいかがですか？」

「うーん、実は今は夫と生活していないのですよ。以前お会いした時にはすでにそうでした。店で雇っていた女の子と同居を始めてもう一〇年になります。夫は現在も、その女の子と生活しています。今はリンパにも転移しているらしいです。離婚を考えたこともありますが、母の借金のことで夫には迷惑をかけていますし……。私ね、夜まで働かなくてもいいのですが……。

夫と女の子とのことをなるべく考えないようにするために、この一〇年間、本業を終えてからもアルバイトを遅くまでして気を紛らわしているのです」

「まあ、そんな大変な経験をされていたのですね。私、あなたがおっしゃった『母親らしいことをしてもらっていない』という言葉がずっと引っかかっていたのです。そして、経済的にはどう考えても苦しいとは思えないのに夜まで仕事をしているということにも……。全てわかりました」

「おかしいでしょう。夫とは毎日店で一緒に仕事をしているんですよ、今でも」

「そうですか。人それぞれに生活スタイルがありますからね」と、慰めともならないような声掛けしか出来なかった。

「子どもたちは『自分達はお母さんのことをしっかり見るから、お母さんはおばあさん（ツルコさん）を見てやり』と言ってくれているので、そのつもりにしています」という言葉を残された。


人はそれぞれいろんな事情を抱えながら生きているものだ。そしてそこには、他人に知られたくないこともあれば、絶対に秘密にしなければならないこともある。またそれとは逆に、自分の力ではどうすることも出来ずに、他人の力を借りなければならないこともある。そして、往々にして自分や家の恥になるようなこと（これは自分でそう思い込んでいる場合もあるが）は、隠そうとするものだ。

初回面談の際に、家庭内の複雑な事情を知らされることもあるが、これは極めて珍しいことであり、面談を重ねて初めて聞かされることのほうが多い。

ツルコさんの娘さんの境遇を知らなかったならば、「薄情な娘だ」という言葉でくくられてしまうのがおちだ。事実、ツルコさんの入院中は一度も面会に出向いていないのだから。しかし、娘さんの境遇を知っていれば、たぶんそれほど激しい批判的感情は湧かないであろう。だから私は常々、「患者(利用者)のみに目を奪われてはいけない」と言い続けているのだ。


ツルコさんが退院してから三週目に入ろうとしていた。出勤した途端、「ツルコさんが大変なことになっています。呂律《ろれつ》が回らずまた目も見えていないようです」と介護職員が報告してくれた。すぐにツルコさんの部屋に駆けつけた。

ツルコさんの名前を呼んだ。目を開けてくれるがすぐに閉じてしまう。左上肢は自由によく動いているが、右上肢はかすかに動く程度。口腔内は乾燥し、特に舌はカラカラでまるでひび割れた田んぼを連想させる。一方、あれほど溜まっていた腹水がほとんど消失していたのだ。

「ありえない」

私の長い看護師生活の中で、こんなことは初めてだった。熱は三七・三度で血圧も脈拍もあまり変化は認めなかった。しいて言えば、酸素飽和度が九〇~九五パーセントと少し低いことが気になるところであろうか。「脱水による脳梗塞」が濃厚だ。ツルコさんのここ一週間の食事摂取量は平均四～五割程度で、水分摂取量は三〇〇ミリリットルほどであった。

すぐに嘱託医に連絡を取った。ツルコさんの現状を報告すると共に、家族は入院や積極的治療を望まれていないことを伝えた。

「考えられる原因は、一つには『脳への転移』で、二つ目は『脱水による脳梗塞』でしょう。脳外科に連れて行き、ＭＲＩを撮れば判別できますが」と、医師は言う。

「今の状態ではとんでもありません」と、私は答える。

「では、ここ（病院）に連れて来てください。診てから指示を出します」と無謀な返事。

「駄目です。こんな状態でお連れすることは不可能です。ところで、先日撮ったＣＴの結果はどうだったのですか。『すい臓がん』以外に何かわかりましたか？」と、私は聞く。

「ＣＴではなかなか判読が難しいのですが、胸部リンパ節に腫瘤《しゅりゅう》を認めます。受診させられないとなると、様子を見なければ仕方ないね」と、冷たい返事。

「いえ、『脱水』がとてもひどいと思います。何とかしていただきたいです」と、私は食い下がる。

「では、点滴だけでもしますか。処方しておきますので取りに来てください」と、医師が譲歩してくれた。

「ありがとうございます。すぐに取りにうかがいます」と、私は返し、すぐに点滴を取りに行くように職員に依頼した。

ツルコさんの娘さんに、現在の状態および予断を許さない状態であることを伝えた。娘さんは予想通り、淡々と事を受け止めた。

翌々日に出勤した私は、今朝の六時過ぎにツルコさんがお亡くなりになったと知らされた。出棺の時、ツルコさんの娘さんに挨拶した。

「ほとんど苦しまずに逝けたと思いますよ」と言う私に、

「ありがとうございます。あなたの判断はすごく的確でしたね」と、喜んでよいようなそうでないようなお褒めの言葉を頂いた。

——ツルコさんのご冥福をお祈りする——

瀕死の状態でも、脳外科に連れて行き「ＭＲＩ」を撮れという医師の言葉に仰天した。仮に脳外科に連れて行って「脳腫瘍」が判明したとしよう。一体それからどうするというのか。家族は、入院治療を拒んでいるし、何よりツルコさんの体力が持たないことは、素人でもわかるというものだ。

そして、その指示に従わない場合の次の手段は、「受診に連れて来い」だった。

まあ、医師とすれば診察もしないで処方したくない、という気持ちはわからないでもない。

しかし、長い特養勤務の中で、医師と電話でのやり取りを頻繁にしてきたが、こんなことは初めてだ。これは、その医師の人間性によるものであろうか。それにしても、「あまりに人間味のない応対だ」と私の胸のうちは、燻《くすぶ》り続けている。

数多くの家族に接して思うことは、家族形態は数多《あまた》あるということ。そして、その形態というか関係性といったほうがいいかもしれないが、それにより「死」の考え方や医療の選択も異なってくるということである。そしてそれは、利用者の益よりも自己の価値観を優先してしまいがちである。しかしながら、私たちはそれを非難することはできない。なぜなら、私たち職員も自分たちの価値観等に大いに左右されているからだ。

たとえば私たちは、家族の立場や時間それに場所などお構いなしに、情報提供という名の下に頻繁に連絡を取ることで、少なからず責任回避を行っている。医師にしても然り。その証しとして、この事例を読み終えた後、すっきりしない何かしら悶々《もんもん》とした気持ちを抱かれたのではないだろうか。このことはすなわち、利用者不在の対応を誰もがなしているからに他ならない。

利用者自らが、治療や延命に関しての選択をするならまだしも、第三者がそれを決定する場合、自己の価値観や死生観を物差しにすることが少なくない。この場合、よほど慎重を期さなければ、利用者の「益」ではなく第三者の「益」となってしまう危険性を孕《はら》んでいる。このことを私たちは、常に認識しておかねばならないと思う。

トミさんの半生

休日、午後四時過ぎに看護師からの電話を受けた。トミさんがその日の深夜から嘔吐を繰り返しているというのだ。高齢者の嘔吐の場合、原因を推定するのはとても難しい。流行っているノロウイルスによるものか、単なる便秘によるものか、はたまた食べ過ぎによるものか、あるいは腸閉塞の場合もある。自分の目で確認するならまだしも電話で聞かされる内容だけでは、いくら想像力豊かな（?）私でも限界がある。

「便は出ている?」

「はい、昨日出ています」

「熱は?　下痢は?」

「体温三六・五度でバイタルは落ち着いていますし、下痢はしていません」

「じゃあ、お腹張ってない?　グル音（腸蠕動音《ちょうぜんどうおん》）は?」

「お腹は張ってません。グル音はよく聞き取れません。……私が聞けないのかもしれませんが」

「何度も吐いてると言ったけどその内容物は?」

「はい、最初は残渣物《ざんさ》でしたが胃液様のものに変わっています。潜血反応は認めません」

「そう……。で、意識状態は？」

「はい、しっかり返答できます」

「ああ。ところで、腹痛はないの？」

「ええ、腹痛は全く認めません」

「そう……。困ったわねえ。今日は日曜日だし、私は明日出勤だから……。とにかく夕飯は中止し、明日私が出勤するまで朝食は待っててもらって」

そう言い終えて電話を切った。

トミさんの体で一体何が起こっているのだろう。腸閉塞でもなさそうだし、ノロウイルスに罹ったとは思えない。一体何だ——。

翌日、出勤準備をしている最中に電話が鳴った。早出の看護師からだった。

「トミさんの血圧が測定できません。意識もはっきりしません。すぐに救急搬送の段取りをします」と早出看護師はせわしなく言って電話を切った。

「なんで……。昨日の報告では、全くバイタルに異常はなかったし、意識レベルも正常だったのに。なぜ……」

勤務に就いた途端、トミさんの搬送に同伴した早出看護師から、トミさんに「人工呼吸器」を装着したこと、トミさんの家族に至急病院へ来るように要請したという連絡を受けた。

「人工呼吸器」、その言葉に私は衝撃を受けた。トミさんには、そんなものに繋がれ生きながらえてほしくなかった。不謹慎にも、意識が戻らないのなら、早く自由な世界へ旅立つことを願った。その日は仕事が手につかず、退勤の時間が迫っていた。その時、トミさんの搬送先の病院からトミさんが亡くなったという連絡が入り、私は安堵している自分に気付いた。

トミさんと私との出会いを紹介しよう。

○○区の地域包括支援センターより、現在入院中のトミさんを引き受けてもらいたいという要請が施設に来た。ところが、○○区の管轄には私の勤務する施設は入ってはいない。それがどうして管轄外の施設にまで要請が来たのかというと、入院中のトミさんの状況を説明した時点で、あらゆる特養から断られてしまってのことだった。支援センターから送られたサマリー（要約）には、以下のような内容が書かれていた。

トミさんには子どもが四人いたが、まだ幼い頃に愛人と共に子どもたちの前から姿を消した。年月が流れ、四～五年前からトミさんは、同年齢の女性と暮らすようになった。ところが、トミさんはその女性から身体的虐待を受け、またトミさんが受給している生活保護費までをもその女性に巻き上げられてしまっている。そこで区役所の高年福祉課が介入し、トミさんを保護の目的で入院させた次第である。もちろん、同居女性には、その病院を知らせていない。極度の栄養失調だったトミさんは、病院で点滴治療を受けて退院の許可が下りた。トミさんは、腰椎《ようつい》が変形しているために車椅子生活を余儀なくされているが認知症は認めない。

他の特養が受け入れを断る理由は、ここまでの記載内容では見つからない。サマリーはさらに続く。

退院の許可が出ているにもかかわらず、トミさんは全く食物を受け付けない。なんら疾患もなく全ての検査に異常は認めないのに、食べ物を見た途端に吐き気を訴え、たとえ無理に食べさせたとしても、数口食べた途端「げーげー」言い出す始末である。こんな報告を受ければ、いかなる特養でも受け入れを断りたくもなるだろう。

「まあ、一度面接しましょうよ」と私は相談員に言い、トミさんに会いに病院に出向くことにした。病院の看護師に、トミさんの血液検査のデータを見せてもらったが、全く異常なく健康そのものの数値を示していた。看護師はこう言った。

「入院された時は貧血もあり、また脱水もひどかったのですが、点滴で改善しました。ところが、入院してから今日に至るまでの三カ月間全く何も口にしてくれません。食べ物を見ただけで吐き気がすると言って。だから胃カメラなどの検査も行いましたが、どこにも異常が見つかりませんでした。どこも悪くないのに食べないというだけで、これ以上病院に置いておくわけには参りません」と。そしてこうも付け加えた。

「本来なら点滴なんか必要ないのですが、何も食べてくれませんから今は一日三本の点滴をしています」と。

トミさんは、車椅子で面会室にやってきた。七十三歳だというのに、とても老けて見えた。

体重は三二キロと聞いていた通り痩《や》せすぎの風体《ふうてい》だった。〈朽《く》ちかけている……〉そう思った。

私はまず自己紹介をした。そして、「中田さん」と、トミさんの姓を呼んだ。が、全く反応がない。トミさんは、うつむいたままだった。

「中田さん、顔を上げてくれるかな」とトミさんを促した。トミさんは、ゆっくりと少しだけ頭を動かした。

「もう少し、もうちょっとだけ顔を上げてちょうだい」と私は再度促した。トミさんは、ゆっくりと正面を向いてくれた。しかし、目は閉じられたままだった。

〈初対面でも拒否されていない。そして、こちらの要望にも応えてくれている〉

「中田さん――。中田さん――。中田さん――」

返事がない。

「中田さん――。答えてくれるまで呼び続けるからね。中田さん――。中田さん――」

ちょうど一〇回くらい繰り返したところで、トミさんの唇《くちびる》が動いた。

〈よし！　もう少しだ〉

「中田さん！」

すると、「は……い」と聞こえるか聞こえないかぐらいの小さな声が返ってきた。

「駄目！　もう少し大きな声で言って！　中田さん！」

「はい」ちょっと大きくなった。

「ありがとう。ちゃんと声が出るんだよね」と私。

「じゃあ、眼を開けて私を見てちょうだい」

トミさんの瞼《まぶた》がピクピク動いた。が、目は開かない。

「さあ、眼を開けて私を見て」と再び促す。しかし、瞼だけがピクピク動くが、一向に目を開けようとはしない。

「わかった。私が手伝うから」そう言って、私はトミさんの瞼を持ち上げた。

「ほら、見えたでしょう。私は特別養護老人ホームの看護師よ、よろしくね。いつまでも病院にいるわけにはいかないから、今度は私の施設に来てね。だから、今日会いに来たのよ」とトミさんに話しかけた。トミさんは、私の顔を見たまま黙っている。

「トミさん」と、今度はトミさんの名前を呼んだ。トミさんの唇が動くが声にならない。

「トミさん、私の言ったことわかった？」

「は……い」蚊の鳴くような声だ。

「駄目。もっと大きな声で！」

「はい」少しばかり大きくなった。

「じゃあ、トミさん、施設で待ってるからね」トミさんは頷いた。

「これで私は帰るけど、トミさん、大きな声でさよならと言ってね。トミさん、さようなら」

「さ、よ、な、ら」とトミさん。

「トミさん、大きな声で言うのよ！　さようなら」

「さよなら！」あまり大きいとは言えないまでも、トミさんが答えてくれた。

私はトミさんの手を握り、もう一度「じゃあ、待ってるからね」と言い、病院を後にした。

帰路、相談員は、「トミさん、施設に来ても大丈夫かなあ。でも、なぜ何も食べないのでしょう」と、不安げに聞いてきた。

「さあ……。でも、私は大丈夫だと思うよ。私には、トミさんが演技をしているように思えてならないの。演技といえば語弊があるけど、そう、本能的にそうせざるをえないというか……。虐待を受けていた相手からやっと離れられ、トミさんにすれば病院という所はシェルターと言ってもいいのかもしれない。であれば、何かしら体に異常があれば病院を出なくて済むじゃない。言わば、トミさんにとっては体に異常があることこそが、身を守る砦《とりで》となる。そう思うのよ」

私が答えると、「はあ……」と、相談員はわかったようなわからないような曖昧な返事を返した。私にだって、トミさんが施設に入所してから元気になり、彼女にとって施設が居心地の良い住居となるかどうかはわからない。わからないけど、いえわからないからこそ、何とかしてあげたいという感情が湧き上がってくるのだ。

いよいよトミさんが、施設にやって来た。医務室に車椅子で入ってきたトミさんは、面接時と同様に固く目を閉じている。

「トミさん、いらっしゃい」と声を掛けても反応がない。

「トミさん、返事！」と私はやや厳しい口調で言った。

すると、思いがけないほど大きな声で、「はい」という返事が戻ってきた。

「トミさん、目を開けてごらん」と今度は穏やかな口調で促した。トミさんの瞼がピクピク動き、必死で目を開けようとしているのが見て取れた。

「よし、私が手伝ってあげる」そう言いながら、両瞼を引っ張り上げた。

「ほら、私！　覚えているでしょう！」と言う私に、トミさんは頷きを返してくれた。

「トミさん、急がなくてもいいから徐々に慣れていってね」そう言って、部屋へ送り出した。

私は、その日の昼食風景を見に食堂に行った。トミさんは、食事には全く手をつけていなかった。

「トミさんどうしたの、食べなきゃ」

「吐きそう」小さな声で返事が戻ってきた。

〈よし、トミさんが自分から喋った。ここは大目に見よう〉

「そう……。じゃあ、夕飯はしっかり食べるのよ。ここでは病院のように、食べないからといって点滴をしましょうというわけにはいかないんだからね、わかった？」

それを聞いたトミさんは頷いた。私は医務室に戻り、トミさんの服用していた薬を調べた。

「健胃剤、気管支拡張剤、制吐剤、強心剤」。その他にも数種類の薬を服用していた。検査で異常がない人に、なぜこれほどまでの薬が必要あるのか。もしかすると、トミさんの症状はこの薬のせいかも。そう考えた私は、嘱託医から全ての薬を中止して様子を見るという了解を取り付けた。

夕飯も同様に全く食べない。口に入れても、げーげー言って吐き出してしまう。中止した。翌日も全く受け付けない。

入所して三日目が来た。私は焦っていた。もし今日が駄目だったら、明日にでも点滴をしないと脱水になってしまう。しかし、三日目も全く駄目だった。

そして四日目。半ば諦めかけていた私に、朗報がもたらされた。

「トミさん、朝食を全て食べました。それも自力で」という介護員からの報告。良かった――。緊張の糸が切れるのを感じた。初回面談で、「なんとかなる」という直感のようなものを感じたのだが、それが現実となった。私は、単純に嬉しかった。私は、トミさんの所へ走った。

「トミさん、頑張ったね。良かったね。嬉しいよ」と、トミさんの手を取って喋り続けた。

なんとトミさんは、目を開けてじっと私を見ていた。これも施設に来てから初めてのことだった。初めてトミさんの笑顔を見た。それからのトミさんは、今までの飢えを取り戻すかのように三度の食事をペロッと平らげ、まだそれでも足りずに間食をねだった。

こうして三年が経過した。三二キロだった体重が二〇キロも増えていた。

トミさんが入所してから亡くなるまでの三年間に、これといった病気もせず、いたって健康だった。変形性脊椎《せきつい》症のために車椅子生活を余儀なくされたが、このところ立位が取れるようになってきていた。トミさんは入所当初から、私の言うことは素直に聞いてくれた。

ある日、「トミさん、タエコ（トミさんの次女）さんと旅行に行きたくない？」と私は聞いた。

食事の介助をする著者（右）

「そりゃあ、行きたいよ。けど、歩けんがね」とトミさん。

「だから、立つ練習するのよ。立てれば、旅行も夢じゃなくなるから」

「そうか」と、トミさんは嬉しそうに聞いていた。

　リハビリ担当の職員に、トミさんの立位訓練を依頼し、トミさんにもベッド柵を持ち、一日三回の立位訓練をするように指示した。そして時々「練習してる？」と、トミさんに尋ねていた。そのたびに、「やってるよ」と答えてはいたが、実際トミさんの練習風景を私は見たことがなかった。しかし、確実にトミさんの立位は上達していたのだ。

「トミさん、しっかり立てるようになったので機械浴（歩行や座位を取ることが不自由な利用者に対し、特殊な浴槽を使用して入浴の介助を行うこと）を中止します」と、リハビリ職員が嬉しい知らせを持ってきた。

私は、練習するようにとは言ったものの、まさかトミさんが立位を取れるようになるとは思ってもいなかった。

「トミさん、自分でも立位訓練してると言ってたけど、それって本当なの？」と、その職員に尋ねると、「ええ、やっていますよ」との返事。私の知らない時間にトミさんが練習をしていたのだった。

トミさんには四人の子どもがいて、その子どもたちを置き去りにしたことは先に書いた。実際、子どもたちの成長過程をトミさんは知らない。しかし、施設に入所してから次女だけは、二カ月に一度、他府県からトミさんの面会に来ていた。そして、トミさんも次女の面会をとても楽しみにしていた。「タエコにこれもらってん」と言い、帽子やら菓子などを嬉しそうに見せてくれた。

トミさんの遠い遠い夢は、そのタエコさんと小旅行に行くことにあった。トミさんが亡くなったあと、私はそのことをタエコさんに伝えた。それを聞いたタエコさんの目から涙が滴り落ち、「母にとっては……。やっと自由になれた……。そう思います」と返してくれた。

トミさんが、どのような理由から四人の子どもを置き去りにしたのかはわからない。以前、トミさんにその理由を聞いたことがあったが、「子どもを捨てたんじゃあない。生活のためよ」と、多くは語らなかった。

どのような理由から女性二人が暮らすようになったかはわからないし、どのような理由から虐待を受けるようになったかもわからない。けれど、施設に入所してからのトミさんは、好きな物を食べ、自由を満喫していたはずだ。女性二人で暮らしている時期には、トミさんはその女性に管理される立場にあり、入院した際には、医療機器あるいは医療従事者に管理される立場となり、施設に来てからはやっとその管理される立場から解放されたと言える。

そうして、やっと自由を取り戻したトミさんが意識不明となり、有無を言わさず「人工呼吸器」を装着され、また機械に管理される立場に逆戻りしたのだ。仮に、トミさんが意思表示できたとすれば、それを良しとするだろうか。

医師は、今現れている現象しか見ずに、その現象に沿った対応をする。ゆえに、「人工呼吸器」を装着することは、その起こっている現象に対して妥当であるのかもしれない。しかし、私はトミさんの三年間を見てきている。トミさんの人柄を知っている。トミさんの歩んできた人生を多少なりとも心得ている。そんな私がトミさんの意思を代弁するなら、「もう人生を管理されるのは嫌だ。まして機械に管理されるのはたまったものではない」である。とにかく、死と引き換えにでも「人工呼吸器」から脱却できたことは束縛からの解放なのだ、トミさんにとっては。

――トミさんのご冥福をお祈りする――

薬剤に副作用のあることは周知の事実である。しかし、新たな症状が現れると副作用とは思わずに、現在の病気とは異なった病気が併発したと考え、医師はまたその症状に効果のある薬を処方することになる。こうして薬がどんどん増えてゆき、気が付けば一〇種類にもなっていたということが少なくない。私事で恐縮だが、例を挙げる。

私は二十代後半に「胸鎖関節炎《きょうさ》」（胸骨と鎖骨を繋ぐ関節の炎症）を発症し、ひどい時は夜も眠れなくなった。そこで、鎮痛消炎剤の「ロキソニン」を服用したところ劇的な効果を認めた。しかし、服用し始めて三日経つと、起床時に手が握りづらいことに気付いた。そして五日も経つと握れなくなり、また顔の浮腫が目立った。七日目、ついに尿の排泄が顕著に減少しだした。これは「ロキソニン」の副作用以外の何物でもない。考えてみてほしい。私は医療従事者の端くれであり、この症状が副作用だと判別できたが、これが市井の人だと新たな病気だと思うかもしれない。また実際、「ロキソニン」が関節炎に聞いているのであるから、医師は浮腫に対してきっと「利尿剤」の追加をするであろう。

トミさんの場合も、こうして薬剤が増えていったと推察できる。服用する薬剤は増えるほどお互いがお互いに影響を及ぼし副作用の出現に至ることも少なからずある。よって、これらの薬剤を全て断ち切った時、トミさんに活気が戻ったのだと考えてもよいのかもしれない。

ところで、トミさんが復活した要因は「薬剤の中止」もさることながら、推測の域を出ないが「環境」にもあると思う。波乱万丈の人生を歩み、虐待まで受けていたトミさんであった。そのトミさんが、自分でも老いを自覚する年齢となり、またこれといって頼る人もいない現状に身を置いた時、孤独、わびしさ、寂しさ、寄る辺なさなどの入り交じった否定的感情に苛まれていたかもしれない。そんな折、特養という施設に入所し、「自分と同年齢の人がたくさん暮らしている」しかも「自力で生活が成り立たない人までもが他者の力を借りて平穏に暮らしている」。そのような状況をつぶさに見聞きして、トミさんの心が解放されたのではなかろうか。「頼っていいんだ、安心していいんだ」と。その証拠に「ここは天国や」というのがトミさんの口癖であった。

医師の指示を対象者が守るという概念が「コンプライアンス」であり、医師と対象者が相互理解の下で、対象者が治療に参加するという概念が「アドヒアランス」。そして、医師と対象者が両者間で情報を共有し、対等の立場で話し合った上で、治療（内服を含む）を決定していくという概念が「コンコーダンス」である。だが、まだまだ「医師の言うことや指示に従うべき」という風潮が、医療者側にも対象者側にも根強い。この「コンコーダンス」に基づき、医療全般において対象者の価値観、体質、既往歴はいうまでもなく生活歴までをも視野に入れた対応であってほしいと切に願う。

おわりに

この世に生を受けた者は、遅かれ早かれいずれ死が訪れることは必定である。そしてその死の形態は、事故死であったり病であったりあるいは老衰であったりする。いずれにしても、誰しも必ず「死」と向き合わねばならない時が来る。

しかしながら、私たちはなるだけ生活から死を遠ざけようとして、それに向き合うことを避けてきた。

また、医学（医療）の進歩により今までなら生命を絶たれていた病の克服が可能となり、挙句なかなか自分の意思志では死ぬことさえできなくなってしまったのが現在である。「脳梗塞」が発症すれば、ある薬剤で血栓を溶かし、ほとんど元の状態にまで戻すことが可能となった。「肺炎」は、抗菌剤を用いることで、生命を落とすことはほとんどなくなった。「がん」は、放射線や手術それに化学療法を併用することで、完治あるいは延命までが可能となった。したがって、人々は医療に頼れば、生命を繋ぎとめられることを見聞し、ますます「死」という概念から遠ざかっていった。

一方、進歩した医療を手放しで喜べない事実もあることに人々は気付いた。

飲み込むことが困難になった時に造られた「胃ろう」により、食物を送り込めば生命の維持は出来るが、自分の意思も伝えられない本人にとって、果たしてそれが望ましいことであるか、本人が望んでいたことであろうか。あるいは、自分では呼吸が出来ず、装着した機械により単に生かされている状態が、本人にとって意味があることであろうか、単に生きながらえているような状態を本人は望んでいるだろうか。

このような苦悩を抱える人たちが少なからずいるということを、私は特養という「現場」で見てきた。

それにも増して、本人が治療や延命を拒んでいたとしても、意思表示が不可能となった場面では、図らずも本人の意思が尊重されるとは限らない。親族の意向が採択されることがあり、それでは本人の意思と正反対の方法を取ることもある。すなわち、死ぬに死にきれない状態と化すのである。

現在社会を見れば、古くなった水道管の対処に頭を悩ませ、劣化した高速道路の対処に苦悩する国や県の姿がある。それと同様に、進歩し過ぎた医療が併せ持つ負の面にどう向き合うか、何を選択するかが厳しく問われているのが、現在の医療である。

そこに、病院というシステムの思惑が介入し、薬品会社の販売戦略等が複雑に絡み、よほど厳しい目で峻別《しゅんべつ》しなければ、それこそ自分の意思とは逆の道をたどることになりかねない。そのためには、近視眼的な見方や捉え方それに考え方では、負の側面を見逃すことになる。よって、多面的な見方、考え方、捉え方がとても重要となる。

たとえば、「『胃ろう』をしますか」と問われた際、決して生命の維持だけを重視して選択すべきではない。それを造ることで、今後の生活がどう影響を受けるのかまでを予測する総体的な捉え方をして決定しなければ、後悔することになりかねないということである。

誤解しないでいただきたいのだが、私は決して「胃ろう」を造ってはいけないと言っているのではない。

本人の意思があり、また病により一時的に食事が困難な際に、食事ができる状態に回復するまでの間に「胃ろう」を使う場合もある。つまり「胃ろう」を造ることが、本人あるいは親族にとって益になるかを真剣に問い、判断してほしいのだ。

これからもますます医療は進歩し、新薬も増えることだろう。けれど、選択する方法が高齢者にどのような影響を及ぼし、生活をどう変化させるのかという目で冷静に判断を下してほしい。そして本著は少なからずその役に立つと思うのである。

ところで、平成三十一年三月八日の「朝日新聞」に、ある病気で透析《とうせき》しない選択肢を終末期でない患者（四十代）に提示し、その患者が人工透析治療を中止を選択した後に死亡したという記事が掲載された。この病院では、他にも透析をしない選択をし、死亡している患者がいたようだ。日本透析医学会では、透析を中止もしくは始めないことを検討できる状況について、全身の状態が極めて悪い場合に限定している。もちろん、終末期はその対象となる。

この件については、今後有識者で議論され、いずれ何らかの方向性が出されるだろうが、多くの疑問や課題が包含されている。

透析導入（開始）の際の拒否権に条件が付くとすれば、その条件から外れた場合、透析を受けながら全身状態が悪化する時期を長い年月をかけて待たなければならなくなる。また、独り身で十分生き切ったと本人が思い、「死」への諦観《ていかん》を持っている人はどうなるのだろう。次に、検討の際に透析を受ける年齢を果たして加味してもよいものだろうか。また、何をもって「終末期」と判断するのだろうか。これについては少し説明を加える。

施設の利用者に八十九歳の人がいた。もともと「慢性心不全」を抱えており、それが増悪しＢＮＰ（おもに心疾患の重症度の把握や治療効果の判定のために行われる検査）の数値が正常の一〇〇倍まで上昇し、誰もが死を覚悟した。しかし、なんとその利用者は自力（自身の生命力）で復活し、それから二年も普段通りの生活を送った。

このような人がごくまれにいることも事実だ。私の施設勤務二〇年間に数名存在する。このように、年齢や終末期による判定というものは誠に曖昧なものである。

家族の形態や価値観の多様化は、今後も変遷《へんせん》するであろう。

そのような混沌《こんとん》とした社会の中で、（超）高齢者が生き、またそれを支えねばならない。一人一人が真剣に「生とは」「死とは」を問い直さねばならない時代になっている。だからこそ私たち、福祉施設で働く職員は、利用者は言うに及ばず家族までをも支援する必要がある。最後に一つ例をお示しする。

最後の砦

カンスケさんの妻であるイクさんが抗がん剤治療を受ける期間中、一カ月に三泊四日の割合で、カンスケさんがショートステイを利用したいという依頼を受けた。イクさんは三年前に「悪性リンパ腫」の治療を受けた際、副作用のために数日間ほとんど寝たきり状態となった。そして、このたび、再発がわかり治療を受けるのだが、最も状態の悪くなる四日間、夫であるカンスケさんを施設で預かってほしいということであった。

要介護度1のカンスケさんは八十八歳であるが、認知症であることを疑いたくなるくらいかくしゃくとして、始終笑顔を絶やさずにとても人当たりのよい人柄であった。イクさんに、どのようなことに困るのかを尋ねると、

「この人は昔から人様にはとても親切で面倒見もよいのですが、自宅では自分の思い通りにならないと声を荒げたり……。私の言うことに全く耳を傾けてくれません。一番困ることは、何度も同じ事を繰り返し聞かれることですね。今は治療が始まっていませんので、なんとか耐えることは出来ますが、治療が始まり吐き気やだるさで自分の身を持て余している時、繰り返し同じ事を言われたり聞かれたりすることを想像すると、今からぞっとします」と答えた。

「そうですね。気分が悪いのを押して食事を作ることも苦痛なら、同じことを聞かれたりする

とイライラしますよねえ」と、私はイクさんに同調した。

「そうでしょう。吐き気のある時に、夫のために食事を作らなくてはならないと思うと、腹が立って腹が立って……。夫は若い頃、私の知っているだけでも七人の女性とお付き合いをし、給料は全て女性に注ぎ込み、私が内職をして娘を育てたんですよ。そんな勝手気ままに生きてきた夫のために……。苦しい思いをしている私が、なぜそんな夫の面倒を見なきゃいけないんですか……。そう思うと情けないやら悔しいやら……」と、まくし立てるイクさんの傍らで、カンスケさんは怒りもせず柔和《にゅうわ》な顔で座っていた。

そこで私は、ショートステイの利用は三泊四日で大丈夫かを確認すると、

「いいえ。吐き気が強くて起きていられないのは四日間ですが、その後も吐き気とだるさはずっと続きます。ケアマネージャーさんは、四日間を施設でお世話になり、後はデイサービスを利用するという計画を立ててくれましたが、夜には夫はいますから」と、イクさんが答えた。

そこで私は、多少費用は掛かるが、一カ月のうち三泊四日を自宅で過ごし、あとは施設でお預かりするという方法を提案した。するとイクさんは目を輝かせて、

「えっ、それでもよろしいのですか。多少のお金は掛かっても構いません、三泊四日くらいならなんとか頑張れます。是非是非お願いします」と、答えた。

カンスケさんも「妻が病気だから仕方ないわな、構わんよ」と了解した。

イクさんの抗がん剤治療も半年後に終了し、カンスケさんも在宅生活へと切り替わるはずであった。しかし、イクさんは肝機能障害のために入院加療を余儀なくされたのだ。そこで、カンスケさんは二九日間を施設で過ごし、一～二日間を娘のクミさん宅に行くという形態を取ることになった。二カ月後にイクさんは退院し、ほっとしたのも束の間、今度は白血球の異常減少が判明し、またしても入院となり、その治療に約二カ月を費やした。イクさんが体調を取り戻し、カンスケさんが当初のように自宅に三泊四日帰宅できるようになったのは、カンスケさんが施設利用を開始してからなんと一年半後だった。

外泊中にカンスケさんが「肺炎」で入院し、三週間が経った頃、クミさんから連絡があった。「肺炎」は一向に良くならず、食事もままならなくなっている。そしてこのところ、カンスケさんがしきりに「施設に帰りたい」と繰り返すのでどうしたらよいかという相談であった。イクさんもクミさんもカンスケさんの希望をかなえたいという想いが強かった。話し合いの結果、施設では治療に限界があり、生命の保証は出来かねることを了承の上、施設でお預かりすることに決定した。

たった三週間でカンスケさんの生気は失せ、憔悴《しょうすい》しきっていた。また咳や痰も多く、再三の吸引を要した。食事はなんとか半分くらいは食べてくれ、何より入所時からの習慣、つまりテーブル席を共にする盲目の女性の食事の世話や会話が出来ることにとても満足気であった。

退院後二週間余りが経ったある日、看護師が出勤してすぐにカンスケさんの状態観察を行ったが全く異常はなく、逆にいつも以上に多弁であったという。その後、他の用を済ませて食事前に痰の吸引をしておこうと、再度カンスケさんの所に戻り、吸引チューブを手に取った矢先、カンスケさんが急変しそのまま帰らぬ人となったのだった。

カンスケさんの死後一〇日が経って、イクさんとクミさんが施設に挨拶にみえた。その時イクさんから頼まれて背中を見ると、なんと背中の右半分に小さな発疹がびっしり。まぎれもなく「ヘルペス（帯状疱疹《ほうしん》）」だ。抗がん剤治療による抵抗力の低下した体に、カンスケさんの死が追い打ちをかけ、重ねて通夜・葬式等で精神的にも肉体的にも疲れ果てたイクさんの体が悲鳴を上げたのだ。あまりのひどさに私は入院を勧めたが、気丈なイクさんは自宅療養を選んだ。ところが、その二日後にクミさんから、イクさんが全く食事に手を付けずふさぎ込んでしまっているのでイクさんに会ってほしいという連絡を受けた。

翌日、私はクミさんと共にイクさんを訪ねた。玄関に足を踏み入れた途端、耳に入ってきたのはイクさんの泣き声だった。電気もつけず真っ暗な部屋でイクさんが泣いていた。理由を尋ねると、

「もう……、もう……、何がなんだか……。お父さんの所に行きたい」

イクさんは、目も開けられないくらいに泣き腫《は》らした顔をしていた。お茶を飲みながら一時間ほど話しているとやっと落ち着きを取り戻し、容姿を気にしだした。元来おしゃれな人なの

で正気に戻った時、自分の泣き腫らした顔やボサボサの髪を気にしだすのを見て安堵した。

ところがその二日後クミさんから、食事を摂れないことに加え、ヘルペスの痛みもひどいので、クミさん宅に近い病院に入院させたという連絡が入った。

二週間経過し、またもやクミさんから連絡があった。入院先の担当医師に母親もクミさんも不信感があり退院を考えているので、往診してくれる医師を紹介してほしいという依頼であった。私は、知人の医師にお願いしたところ、快く引き受けてくれた。

イクさんは自宅で往診を受け、元気を取り戻した。ところが、間もなくイクさんに三度目の「悪性リンパ腫」が再発し、今回は治療の術がなく、加えて余命半年という宣告を受けたのだ。教員であるクミさんは迷った末、休職して母親を介護する道を選んだ。結果的には、この選択が良かったのだが、これに関して親子間でちょっとした対立があった。ある日、イクさんから私に電話があった。

「自宅でギリギリまで一人で頑張ってみようと思うの。でも、一人で生活するのに限界が来たら、その時は施設で引き受けてくれる？　娘は、介護休暇を取ると言ってくれるのだけど、教師として大変な時期みたいだし、夫の時もあの娘にはずいぶん世話をかけたから」と話す電話の向こうからイクさんの葛藤《かっとう》が伝わってきた。

「イクさん。クミさんは介護休暇を取り、あなたとの時間を大切にしようと思っているのよ。それを断ったら、クミさんにはきっと大きな後悔が残ると思うよ。クミさんのことを思うなら、あなたはそれに甘えるべきではないかしら」と、私は返した。

「ああ……、そうですね。良かった、あなたに電話して。じゃあ、娘に甘えることにしますね」とさわやかな声で言い、イクさんは電話を切った。

十二月初旬、クミさんから母親がどうしてもあなたと食事をしたいと言っているので都合をつけてほしいというお誘いを受けた。「最期かも」という想いが一瞬私の脳裡《のうり》をよぎった。私は、「イクさんの元気な顔を見たいし、イクさんの思い出の一ページに私を残していただければ嬉しいです」と言って快諾した。

十二月二十四日のクリスマスイブに、私はイクさんとクミさんの三人で食事を共にした。イクさんの頸《くび》は、リンパ腫のせいで腫れていた。お茶にトロミをつけないとむせて仕方ないのだと言う。また腫瘍で気道が圧迫されているためか、少し聞き取りにくかった。クミさんの話によれば、このところ食欲も失せて以前の三分の一くらいの食事量になっているらしい。けれど、この日のイクさんは違っていた。運ばれる料理を「美味しい、美味しい」と言いながら、むせることもなく一人前をペロッと平らげた。

この日のイクさんは、よく喋りよく笑った。あれほどカンスケさんを罵《ののし》り、憎んでいたイクさんであったにもかかわらず、カンスケさんとの楽しい想い出や、カンスケさんのよいところだけを懐かしそうに語った。

私は、〈いろいろあっても長年連れ添った夫婦ってこういうものかなあ〉というようなことを考えながら、イクさんの話に耳を傾けていた。

「今日は二十四日だから、もうすぐお正月よ。きっと、お正月をクミさんと迎えてね。そして次は桜。桜を三人で見に行きましょう」という約束を私はイクさんと交わした。

余命六カ月というのが真実なら、イクさんの命はあと数日で尽きることになる。でも、今日こうして元気に喋り、一人前の食事を摂れたではないか。この調子なら、桜見物も夢じゃない
――心の底からそう思った。

年が変わって一月半ば、イクさんに電話を入れた。とても元気そうな声で話すのを聞いて、私は安堵した。ところが、三月半ばにクミさんから電話が入った。

「母が……、二月十五日に亡くなりました……」

あとは声にならなかった。私は、クミさんが休職までして精一杯介護されたことを労った。

クミさんの話によれば、母親の体調の良い時に二人で出かけ、亡くなった時に着けるウイッグや納棺の際に入れる物を購入したという。また、麻薬の貼付をしていたためか、亡くなるまでそれほどの苦痛はなかったという経過を話してくれた。

「私が母の介護にギブアップした際は、必ず施設で引き受けてあげるからというあなたの言葉があったからこそ、最期まで自宅で看れたのだと思います。『最後の砦』があるということは、本当に心強いものです」と、クミさんは感謝してくれた。

桜見物を果たせずに、イクさんは逝ってしまわれたが、クリスマスイブの食事の席で見せて

くれた笑顔、今年一月に電話で話した時のはつらつとした声。イクさんは私に最高のプレゼントを残してくれた。

——カンスケさんとイクさんのご冥福をお祈りする——

令和元年五月　小村一左美

謝辞

この度、「潮ノンフィクション賞」という大きな賞をいただき、また拙《つたな》い文章を本という形にしていただけたことを心より感謝する。

潮出版社社長の南様をはじめ、編集の佐藤様、それに選考委員の先生方に熱い思いがあった上でのことで、重ねて御礼を申し上げたい。さらに拙著に登場する施設のご利用者様およびご家族にこの場を借りて感謝の意を捧げたい。

本書は、第六回「潮ノンフィクション賞」（二〇一八年度）受賞作「最良の逝き方の選択――決定権はあなたの手中に」を加筆・修正したものです。

小村一左美（こむら・ひさみ）

病院看護師として約15年間、看護専門学校の専任教員として約10年間勤務の後、平成12年から特別養護老人ホームの看護部長として約12年間勤務し、定年退職。その後、フリーランスとして、特別養護老人ホームに勤務する傍ら、看護教育にも携わる。認知症ケア上級専門士、心理カウンセラー、第1種衛生管理者、医療福祉環境アドバイザー1級。著書に『ダイ・サイレント～ある特別養護老人ホームでの死の迎え方』（文芸社ビジュアルアート）、『介護の目指すところは何か』（関西看護出版）、『入所者・家族も納得のみとり』（日総研出版）。本作で第6回「潮ノンフィクション賞」を受賞。

最良の逝《い》き方
特別養護老人ホームで見た生死の決断

2019年7月20日　初版発行

著　者／小村一左美
発行者／南 晋三
発行所／株式会社 潮出版社
〒102-8110
東京都千代田区一番町6　一番町 SQUARE
電　話／03-3230-0781（編集）
03-3230-0741（営業）
振替口座／00150-5-61090
印刷・製本／株式会社暁印刷

ISBN978-4-267-02194-7 C0095

www.usio.co.jp